Bud o Gân

Atgofion Melys
Jac Davies

Gol. Eurof Williams

Gomer

I
Dewi Llywelyn
am yr ysbrydoliaeth

Cyhoeddwyd yn 2008 gan
Wasg Gomer, Llandysul, Ceredigion SA44 4JL

ISBN 978 1 84323 958 1

ⓗ hawlfraint y casgliad hwn: Eurof Williams 2008

Mae Eurof Williams wedi datgan ei hawl dan
Ddeddf Hawlfreintiau, Dyluniadau a Phatentau 1988
i gael ei gydnabod fel awdur y llyfr hwn.

Cedwir pob hawl. Ni chaniateir atgynhyrchu unrhyw ran o'r
cyhoeddiad hwn, na'i gadw mewn cyfundrefn adferadwy, na'i
drosglwyddo mewn unrhyw ddull na thrwy unrhyw gyfrwng,
electronig, electrostatig, tâp magnetig, mecanyddol,
ffotogopïo, recordio, nac fel arall, heb ganiatâd ymlaen llaw
gan y cyhoeddwyr.

Dymuna'r cyhoeddwyr gydnabod cymorth
Cyngor Llyfrau Cymru.

Argraffwyd a rhwymwyd yng Nghymru gan
Wasg Gomer, Llandysul, Ceredigion.

Cynnwys

Cyflwyniad		7
Pennod 1	Waunwen	11
Pennod 2	Y Pwll Glo	23
Pennod 3	Y Lluoedd Arfog	29
Pennod 4	Y Trwbadors	37
Pennod 5	Neuadd Albert	45
Pennod 6	Recordio	51
Pennod 7	Teithio	63
Pennod 8	Y Ddeuawd Olaf	83
Pennod 9	Dal i Ganu	87
Atodiad 1	Teyrnged Dr Goronwy Jones	111
Atodiad 2	Teyrnged Yr Athro Hywel Teifi Edwards	116
Diolch a Chydnabyddiaethau		120

Cynnwys y CD atodol:
  i) 'Pwy Fydd Yma 'Mhen Can Mlynedd', geiriau E. Llwyd Williams; trefniant Eifion Thomas; Côr Meibion De Cymru, unawdydd Peter Totterdale
  ii) teyrnged yr Athro Hywel Teifi Edwards
  iii) Jac a Wil: 'Pwy Fydd Yma' (trwy ganiatâd Sain)

Cyflwyniad

Y tro cyntaf i fi gwrdd â'r ddau frawd, Jac a Wil, oedd yn y Gwanwyn, 1977. A finnau newydd dderbyn swydd fel cynhyrchydd radio, dyma gynnig syniad i'r BBC ym Mangor ar gyfer y gyfres boblogaidd *Llwyfan*. Roeddwn am greu portread o'r ddau frawd dawnus o phoblogaidd. Hyd y gwyddwn i, doedd neb wedi gwneud portread radio ohonynt o'r blaen, a derbyniwyd y syniad. A'r peth nesa, dyna lle'r oeddwn i, ym mharlwr y teulu yn Ffarm Waunwen, ger Cefneithin, y cartref lle magwyd naw o blant – chwe bachgen a thair merch – gan eu rhieni, Mark a Catherine Davies.

Y peth cyntaf i fy nharo oedd pa mor ddiymhongar oedd y ddau frawd, gyda'r geiriau, 'D'yn ni ddim yn rhai i ymffrostio,' yn cael eu dweud yn aml. Yr ail beth oedd eu naturioldeb di-lol. Wnes i gyrraedd wedi gwisgo yn eithaf smart, fel arwydd o barch – ac roedden nhw, hefyd, mewn siwtiau! Ymhen dim o amser fe ddaeth y dieithriaid yn ffrindiau, a dyna fel y bu dros y blynyddoedd i ddilyn. Doedd yr un Eisteddfod yn gyflawn heb gyfarch yr hen gyfeillion, a bob hyn a hyn fe ddeuai cyfle o'r newydd i alw yn Waunwen am sgwrs radio arall. Bu farw Wil yn 1987, yn 71 oed, ond roedd yr atgofion amdano'n fyw iawn bob tro y byddai rhywun yn cwrdd â Jac a sgwrsio.

Yn y flwyddyn 2003, penderfynais fentro, heb gomisiwn, i gynhyrchu rhaglen deledu ar hanes y brodyr o Gefneithin. Holais i sawl un ar draws Cymru, yn ogystal â chael sgyrsiau hir gyda Jac ei hun. Yn anffodus, ni ddarlledwyd y rhaglen gan S4C, ond mae'r deunydd yn drysor i mi bellach; wedi'r cyfan, heb fynd i'r afael â'r fenter honno, ni fyddwn byth wedi medru creu'r llyfr hwn fel teyrnged i'r cantorion dawnus.

Yn 2007, a hithau'n tynnu am hanner can mlynedd ers perfformiad cyntaf Jac a Wil yn Neuadd Albert, Llundain, es i ati i greu rhaglen radio o'r hyn yr oeddwn wedi ei ffilmio ar gyfer teledu. Dyma ymweld â Jac eto i sicrhau ei gefnogaeth, ac yn fuan iawn roeddem yn cynllunio'n frwdfrydig a Jac yn ychwanegu straeon di-ri at yr hanes oedd gen i. Trwy hap a damwain dyma Wasg Gomer yn clywed am y prosiect, a chytunwyd ei bod yn hen bryd creu llyfr am yr hanes i gyd. Fel dyn diwylliedig dros ben, doedd hi ddim yn syndod fod Jac yn gyffrous iawn am y syniad o lyfr, a dyma ni'n bwrw ati'n syth i ddidoli lluniau a thrysorau pwrpasol eraill ar gyfer y cofiant.

Bu farw Jac ym mis Chwefror, 2008, ar ôl bywyd hir a chyfoethog. Ni welodd y cofnod ysgrifenedig hwn o'i fywyd rhwng dau glawr, ond mae ei frwdfrydedd wedi llywio'r gwaith drwyddi draw.

Y tro diwethaf i mi ei weld oedd am un sesiwn hir o fynd trwy'r lluniau yr oedd e wedi dod o hyd iddynt. Wnaeth y sesiwn bara am dair awr soled. Wrth i'r lluniau brocio'r cof, daeth yr atgofion melys yn ôl iddo, a phrofiadau 1958 megis ddoe wrth iddo adrodd yr hanes. Gwnaeth ambell atgof beri iddo ddawnsio o gwmpas bord y gegin, gan ganu cân o'r cyfnod, a'r llais cyn gryfed ag erioed. Bu tipyn o chwerthin y prynhawn hwnnw.

Wrth i mi ymadael ag ef – heb wybod, wrth gwrs, mai dyna'r tro olaf y byddwn yn ei weld – dyma fe'n swagro'n lletchwith ar stepen y drws ffrynt wrth ffarwelio. Y foment honno sylweddolais fod y dyn sionc, a wnaeth fy nifyrru gyda'i afiaith heintus, mewn gwirionedd bron â bod yn 91 mlwydd oed. Ond eto, roedd rhywbeth yn dweud wrthyf y byddai'n *siŵr* o bara am amser hir eto.

Fe ges i glywed y newyddion trist am farwolaeth Jac gan gyfaill yn Radio Cymru. Eu bwriad gwreiddiol oedd darlledu'r rhaglen a baratois ar Ddydd Gŵyl Dewi, 2008, i ddathlu'r pen-blwydd arbennig hwnnw o berfformiad cyntaf Jac a Wil yn Neuadd Albert, Llundain, yn 1958. Ond, gyda marwolaeth sydyn Jac, dyma benderfynu, er mawr glod i Radio Cymru, ddarlledu'r rhaglen y Sul yn dilyn ei angladd.

Ac, yn naturiol, dyma newid natur y llyfr hefyd. Gyda chaniatâd Gwynhaf, mab Jac, a'i wraig Mair, penderfynwyd bwrw ymlaen gyda'r cyhoeddiad. 'Roedd 'y nhad yn prowd iawn fod enw colier cyffredin yn mynd i fod ar glawr llyfr.'

Bu farw Wil dros ugain mlynedd yn ôl, ac felly mae'r llyfr hwn yn seiliedig yn bennaf ar atgofion Jac o'u plentyndod a'u gyrfa gerddorol. Serch hynny, a thrwy lwc, wnes i gadw'r nodiadau o'r sgyrsiau a gefais i gyda'r ddau frawd dros y blynyddoedd. Oherwydd hyn, mae modd dyfynnu Wil o bryd i'w gilydd, hefyd.

Diolch i Gwynhaf a Mair am adael i mi dwrio trwy ddyddiaduron Jac – a gadwodd 'gownt' o'i ddyddiau'n ofalus iawn. Mae'n ddiddorol sylwi ar y defnydd o'r iaith ynddynt, gyda Jac yn amlwg wedi sylweddoli'n raddol fod modd gwneud popeth yn ei famiaith – er gwaetha dylanwad ei addysg a'i gyflogwyr.

Roedd dewis teitl i'r gyfrol hon yn rhywbeth hawdd iawn, oherwydd roedd cerddoriaeth yn golygu popeth i Jac ar hyd ei oes. Mae'r is-deitl bron cyn bwysiced: 'atgofion melys Jac' yn fy atgoffa o'r llygaid byw yn goleuo a gwenu wrth i'r atgofion a'r straeon lifo'n ôl i'r cof.

Mae wedi bod yn fraint i fi gael paratoi'r llyfr hwn – yr un teimlad â'r un ges i wrth gwrdd â'r ddau frawd ym mharlwr Waunwen dros 30 o flynyddoedd yn ôl. Rwy'n siŵr mai dyna'r union deimlad oedd pawb yn ei gael – naill ai wrth gwrdd â Jac ar ei deithiau o gwmpas Cymru a'r byd, neu wrth glywed y lleisiau arbennig hynny'n uno i greu rhywbeth unigryw iawn, ar recordiau ac ar lwyfannau Cymru dros y blynyddoedd.

Fel y dywedodd Dafydd Iwan, o bulpud Capel y Tabernacl, Cefneithin, brynhawn Gwener yr wythfed o Chwefror, 2008, yn angladd Jac Wesley Davies, bydd enwau a cherddoriaeth Jac a Wil yn fyw tra bod yr iaith Gymraeg yn cael ei siarad.

Oedd . . . mi *oedd* hi'n fraint.

Eurof Williams

Yng nghartref Jac yng Nghefneithin, 2008

Ffarm Waunwen

Pennod 1

Waunwen

Mae stori Jac yn dechrau yn Ffarm Waunwen, wrth ymyl y 'Garreg Hollt', fel y'i gelwir yn lleol, ryw hanner milltir o sgwâr Cross Hands ac o fewn cic adlam i gae rygbi Cefneithin – pentref sydd yn gysylltiedig â chewri'r bêl hirgron, Barry John a Carwyn James.

Yma cafodd y teulu dedwydd eu magwrfa, gyda chwech o fechgyn – Allenby, Tom, Wil, Corris, Cadfan a Jac, yn ogystal â thair merch – Evelyn, Mary a Pat. Yn anffodus, bu farw un bachgen bach arall o fewn wythnosau i'w enedigaeth. Mark Davies oedd enw'r tad, un o deulu â thraddodiad cerddorol iawn, gyda'i dad-cu, o ardal Hendy-gwyn ar Daf, yn arweinydd côr o fri, a thad Mark ei hun yn godwr canu yn ei gapel. Colier oedd Mark wrth ei waith. Catherine oedd enw'r fam, o 'stoc' lleol yn ardal Cefneithin, gyda'i thad yn ffarmwr. Roedd ffarm Waunwen tua 20 erw, a cheisient fod mor hunangynhaliol ag oedd modd. Yn ogystal â'r da, yr ieir a'r mochyn, roedd y fam yn gofalu am ardd fawr, gyda'i llysiau ffres.

Tom, Mary, Pat, Wil, Evelyn, Jac, Allenby, Corris, Cadfan a'u rhieni, Mark a Catherine, Medi 1937

Wy'n cofio Tom, 'y mrawd hena, yn ca'l 'i hala at Da-cu . . . a wedyn odd 'y mrodyr a fi i gyd mewn un stafell wely – a dim ond un gwely rhyngddon ni; tri ar y top a dou ar y gwaelod! Wedyn odd stafell 'da'n fam a 'nhad, ac un arall i'r chwiorydd.

Dodd dim ishe Spar na Quicksave arnon ni! On ni'n ffodus bod ffarm 'da ni. Wy'n cofio 1926 a'r Streic Fawr, barodd chwe mis – odd 'nhad mas o waith, ond on ni'n hollol hunangynhaliol. Odd ffarm Da-cu yn ffinio â ni, ac odd rhyw gan erw 'da fe. Odd saith buwch 'da ni, ffowls a dou fochyn, ac odd rhaid i ni gyd helpu 'nhad 'da'r ardd. Falle bydden ni'n moyn mynd i'r ffair yng Ngorslas – a'r ateb bob tro odd, 'Cewch chi fynd unwaith 'ych chi 'di bennu yn yr ardd!'

Odd rhyw 35 o rychie 'da ni ar gyfer y tato, pys a ffa, rhiwbob, moron a panas. Odd digon o la'th 'da ni i neud menyn – a cha'l y lla'th enwyn. Odd 'nhad ar y shifft nos, fynycha, yn y gwaith glo, a bydde fe'n dod nôl yn y bore a mynd ati i ofalu am y ffarm. Bydde fe'n siŵr o ga'l napyn bach yn y pnawn.

Rodd dydd 'lladd y mochyn' yn ddigwyddiad mawr i bawb, ac yn gyfle i'r teulu fyw yn fras, i ryw radde, am fis neu ddou o leia. Ein gwaith ni, fel bechgyn y ffarm, odd dala'r mochyn yn y twlc, rhoi rhaff yn sownd am ei go's e a mynd ag e draw at y ffwrwm. 'Na lle'r odd 'Rhys y mochwr' (wel, 'na beth on i'n ei alw fe) yn sefyll gyda'i gylleth. On ni'n gorfod codi'r mochyn i ben y ffwrwm a'i ddala fe lawr, a bydde Rhys yn camu draw a thorri'i wddwg e – a wedyn sychu'r gwa'd o'r gylleth trwy 'i rhoi ddi yn ei geg! A wedyn, mewn â'r gylleth, unwaith 'to, i'r mochyn! Colier odd e, fel 'nhad, ond odd yr *hobble* 'ma 'da fe.

Ar ôl lladd y mochyn bydden ni'n mynd lawr i'r ffarm drws nesa gyda chwpwl o ffagots, stecen a riben iddyn nhw . . . a wedyn, parsel arall i ffarm arall. Wedyn, pan fydden nhw'n lladd mochyn, on nhw'n dod 'nôl â'r un peth i ni.

Wy'n cofio un peth yn arbennig pan on i'n ifanc – 'Ovaltine'! Bydde Wil ac Allenby'n gweud wrtho i am sgrifennu bant – ac och chi'n ca'l potel fach fel sampl, a wedyn bydden ni'n pyrnu peth . . . ac on ni'n gweld yr hen dun 'na mor amal – a 'na beth odd ar y bocs, *'For those who lead a strenuous life – Ovaltine*

Jac a'i fam wrth eu gwaith

Capel y Tabernacl, Cefneithin

for breakfast, as a light repast between principal meals, contributes to sustained mental effort and physical energy!'
Wy'n cofio darllen hwnna bob dydd!

Odd scyleri fach 'da ni odd Da-cu wedi'i hadeiladu, a fan'na bydden ni fechgyn yn mynd ar ôl i ni ddechre gwitho, ac odd padell sinc fawr yna, o fla'n y tân. Dodd dim hawl 'da'r merched fynd yn agos i fan'na, a ni odd yn gorfod gofalu am y tân, a golchi'r llawr.

Odd 'nhad yn dod adre o'r capel bob bore Sul – cyn i fi fod yn ddigon hen i fynd iddo – gyda rhaglenni'r Gymanfa neu'r llyfr emyne. Rodd y plant hena'n mynd i'r Ysgol Sul, tra bydde'r ieuengaf gartre 'da Mam, a hithe'n darllen y Beibl a chanu'r emyne iddyn nhw – hyd yn oed yn ifanc iawn.

Rhieni diwyd, Mark a Catherine, yn Waunwen

Un o'r atgofion cynta sy 'da fi yw canu yn y capel. On ni i gyd, fel teulu, yn ifanc iawn yn canu – a dim gwell o weud 'Na' neu bydde 'nhad yn mynd yn grac! Unwaith odd e'n gweud 'ych bod chi'n mynd i ganu, wel, 'na ni – och chi'n mynd i ganu! On ni'n creu 'yn diwylliant 'yn hunen . . . dodd dim ishe pryderu am gwmni neb heblaw'r teulu. Os buodd disgyblwr eriod, odd 'y nhad yn un! Odd 'na gasgenni ar y ffarm yn dal bwyd i'r anifeiliaid . . . ac os bydden ni wedi bod yn ddrwg fe fydde 'nhad yn cydio ynddon ni wrth ein gwar, fel cwningod, a'n rhoi ni yn un o'r casgenni, gyda'r clawr ar 'yn penne ni, a gweud 'Reit, pan fyddwch chi'n barod i fihafio'n well cewch chi ddod mas!'

Rodd Mam, ar y llaw arall, yn addfwyn iawn.

Un o'r rhaglenni gymanfa roedd Mark Davies, tad Jac, yn eu trysori

Neuadd Cross Hands

Merched yr ardal, gan gynnwys Ethel Davies (ail ar y chwith), yn diddanu yn y neuadd

Canu odd y capel yn ei olygu i ni bob amser. Wrth i ni dyfu, ac amser yn mynd yn 'i flaen, fe fydden ni'n mynd i'r Gobeithlu (y *Band of Hope*) a wedyn neud cantatas bach bob blwyddyn. Unwaith dethon ni blant i oed gwrando ar ein tad, fe nath e ffurfio yr hyn alwodd e'n Gôr yr Aelwyd, gyda'r teulu cyfan, yn cynnwys Mam, yn perfformio emyne yn y Cwrdd Cwarter a'r Cwrdd Adrodd. Gwnath 'yn henw ni gyrradd Ysgol Cross Hands, ac ar y boreau Llun fe fydde'r prifathro'n gofyn i ni, aelode Côr yr Aelwyd, ganu o flaen plant yr Ysgol!

Yna, fe fydden ni wrthi yn Neuadd Cross Hands, gyda chôr y capel yn cynnal dwy noson – nos Iau a nos Sadwrn, fel arfer, a'r lle'n orlawn i glywed *Y Greadigaeth*, *Y Meseia* a'r *Elija*.

Yn Neuadd Cross Hands, hefyd, wy'n cofio perfformo *Snow White & the Seven Dwarves*, a wedyn *Princess Chrysanthemum*. Yn *Snow White*, fi odd Karl the Huntsman, a Tom 'y mrawd odd y brenin!

Medi Evans, Jac (fel Karl the Huntsman), Tom ei frawd, Nansi Williams, Iris Jones a Mildred Aubrey

'Na chi le da i ddysgu am bethe – canu a pherfformio – ond y peth od odd bo ni'n neud rhain i gyd yn Saesneg! Yr ymarfer a'r cyfarwyddo i gyd yn Gymraeg, a wedyn y perfformiad yn uniaith Saesneg!

Wy'n cofio fi'n frenin yn un sioe, ac yn dweud *'Thanks, my friends. Thanks for this spontaneous outburst of gratitude, which I consciously believe I thoroughly deserve!'* Wy'n cofio rhyw bethe fel'na.

Rodd pob ardal â'i chôr pryd 'ny! John Mainwaring odd arweinydd y gân yng Nghapel y Tabernacl, Cefneithin – Pencerdd Hefin odd ei enw cerddorol e – ac och chi'n cael artistiaid gore Prydain Fawr yn dod aton ni, a chynnal cyngherdde.

Erbyn i Wil a fi gyrradd 'yn harddege, odd y ddou ohonon ni'n aelode o Gôr Meibion y Tymbl. Jac Ifans odd yr arweinydd a Tom Hughes, a ddath wedyn i'n helpu ni gyda'n caneuon, yn cyfeilio. Ar ôl pob cyngerdd, wy'n cofio, bydden ni'n ca'l bwyd yn y festri, ac yna, yn dilyn y pryd bwyd, odd rhaid i'r Côr roi cân neu ddwy – ac on nhw wastod yn galw arna i a Wil i ganu 'O Dwed wrth Mam'. 'Na'r ffefryn – odd rhaid i ni ganu honna, bob tro!

Wy'n cofio un achlysur yn arbennig iawn. Fe fuodd 'na ddamwain ofnadw yng ngwaith glo Gresford, yn yr hen Sir Fflint,

Jac yn 16 oed yn 1934

ym mis Medi, 1934. Ron i'n un ar bymtheg ar y pryd, a Wil yn bedair ar bymtheg. Unodd e ysbryd y glowyr ar draws Prydain – yn enwedig fan hyn, yng Nghymru. Fe nethon ni gynnal cyngerdd arbennig i godi arian i deuluoedd y 266 o lowyr a fu farw. Rodd 'y nhad, a ni'r

Gobeithlu Cross Hands

bechgyn, yn y cyngerdd arbennig yna, yn Neuadd Cross Hands, a dodd y dillad ddim fel heddi – rodd pob un â'i goler *starch* (odd Mam yn 'u galw nhw'n 'goler Lloyd George') a bydde hi'n cymeryd dyddie i'w ca'l nhw'n iawn. Rodd hi'n amser prysur iawn ar Mam. 'Na'r tro cynta i ni berthyn i gôr meibion, ac o fan'ny ymlaen os odd unrhyw gôr yn mynd, on nhw'n dod i ofyn i ni ymuno – côr cymysg ne beth bynnag odd e!

Fe sonies i am y Gobeithlu. Wel, rodd pennill bach yr adeg hynny'n gweud,

> *Some go there to worship God.*
> *Others go to meet another . . .*

Ond gwnes i'r ddou!

Sgwâr Cross Hands tua 1930

Jac a'i chwaer, Pat

Yn dilyn yr oedfa, mas â ni, y bobol ifanc, i'r 'Monkeys Parade' yn Cross Hands, ar bwys y sgwâr, o'r gole lan. Pryd 'ny odd pont y gwaith yn mynd ar gro's – odd pwll un ochor, a wedyn agoron nhw drifft yr ochor draw – a 'na ble odd y Monkeys Parade! On ni'n cered nôl a mla'n, haf a gaea! Rodd hen ddiaconied yn cered lan a siarad ar ôl y gwasaneth, a bydden nhw'n cwnnu'r llyfyr emyne lan a lawr wrth drafod y bregeth – a bydden nhw'n 'yn gweld ni a gweud, 'Co nhw – y merched a'r bechgyn!' A bydden ni'n gweud nôl, 'Co nhw, â'u lap!'

A 'na ble cwrddes i â'r wraig, Ethel Morgan!

Jac ac Ethel, wedi llwydddo yn y Monkeys Parade!

South Wales & Monmouthshire Joint Mining Education Advisory Committee Examinations Board

Johnny Davies

THIS IS TO CERTIFY THAT THE ABOVE NAMED STUDENT HAS REGULARLY ATTENDED THE CLASSES AND PASSED THE EXAMINATIONS IN THE SUBJECTS COMPRISING THE PRELIMINARY TECHNICAL COURSE AT

Rumneyford Crosshands

SUBJECTS

Mathematics, Drawing, General Science, English.

April 1933

W. C. Watkins — Chairman
D. Brynmor Morgan — Secretary

Pennod 2

Y Pwll Glo

Wedi gadael ysgol, prin iawn oedd y dewis i grwtyn o Gwm Gwendraeth yn nhri degau'r ganrif ddiwethaf – y pwll glo, neu'r pwll glo!

Felly y buodd hi gyda Jac a Wil, gyda gwaith glo Blaenhirwaun yn croesawu to newydd o fechgyn ifanc i mewn i'w grombil ddu.

Dechreuodd Jac ei swydd newydd, fel llawer o'i gyfoedion, yn bedair ar ddeg mlwydd oed.

Tra oedd Wil yn gweithio ar y ffas, teitl swydd gyntaf Jac oedd 'dryswr' – un a ofalai am agor a chau'r drysau a arweiniai o un lefel a gwythïen lo i'r llall. Jac fyddai'n sicrhau bod y tramiau'n rhedeg yn esmwyth yn ystod y dydd, neu'r 'tyrn'. Roedd yn casáu'r gwaith.

Y siwt gyntaf i golier ifanc

Yn y pwll glo wy'n cofio hala'r diwrnod cyfan yn y byd rhyfedd 'ma – tywyllwch fynycha . . . sŵne dierth a rhyfedd . . . a'r drewdod . . .

On i'n falch i ddod mas o'r hen le bob tro. Odd Mam wedi paratoi bwyd i ni – ond 'i dowlu fe dros y clawdd y bydden i'n neud, bob dydd – odd y llygod mowr a'r blac pads wedi bod drosto fe . . . ac on i'n ffaelu byta fe wedyn . . . ond wedes i byth wrth Mam!

Y cyflog odd swllt a whech am whech tyrn o waith. Odd whech diwrnod o wylie 'da ni bob blwyddyn – dou i'r Pasg, un i'r Sulgwyn, un mis Awst a dou Nadolig. On ni'n gorfod bod 'na erbyn saith y bore er mwyn mynd lawr yn y tram, ac os och chi'n hwyr byddech chi'n ca'l 'ych hala at y rheolwr. Fentren ni ddim mynd gatre a chyfadde bo ni 'di bod yn hwyr. Rodd Wil yn cofio canu wrth fynd lawr i'r pwll – whech deg o goliers yn mynd at y sbêc ar fore Llun, yn canu 'O Fryniau Caersalem'. Odd ambell un ddim ond yn cofio'r pennill cynta – ond gan fod plant Waunwen yn gyment o gapelwyr brwd, odd y penillion i gyd yn dod yn rhwydd i ni! Buodd 'y nhad yn gofalu am y sbêc am flynydde – oedd e fel tram yn cario wyth o ddynion ar y tro, lawr i grombil y ddaear.

Un tro odd Wil a'i ffrind, Garfield, yn gwitho ar y ffas, a dyma sŵn bang ofnadw'n dod o rywle – a wedyn chwalfa'r wythïen. Gwedodd Wil wrth Garfield am orwedd ar y llawr ar un waith, rhag ofn y bydde'r nwy gwenwynig yn 'u cyrradd nhw – gan fod y nwy'n ysgafnach nag aer, 'na'r lle saffa i fod. Ymhen tipyn, dyma Wil yn gweud wrth Garfield, 'Dere 'te. Wy'n credu 'i bod hi'n iawn i ni ailddechre.' A 'na le'r odd Garfield – wedi marw, wrth 'i ochor e. Odd hi'n amlwg 'i fod e wedi anadlu'r nwy 'ma. Wrth reswm, effeithiodd hwnna ar Wil am sbel fawr.

Weles i iechyd sawl un yn pallu achos y llwch yn y pwll glo. Wy'n cofio mynd i ishte gydag ambell un yn 'i waeledd – aros dros nos withe er mwyn rhoi tipyn bach o seibiant i wraig odd yn tendo a gofalu. Amser trist iawn.

Ces i ddigon. Es i at y meddyg a gweud wrtho fe bo fi'n ffili godde mwy dan ddaear – odd e'n effeithio ar 'yn iechyd i. Dyma fe'n gweud

'Popeth yn iawn,' ond pan es i i weld rheolwr y lofa, gwrthododd â'n rhyddhau i. '*Reserved occupation*,' odd 'i ateb e. Des i i'r casgliad taw y fi odd yn gyfrifol am 'y mywyd 'yn hunan, a dyna fe!

Wel, odd tipyn o ffys wedyn – a 'mygwth i gyda whech mis o garchar ne ddirwy o ganpunt. Ond wnes i ddim rhoi'r gore iddi! Ces i dribiwnlys, ac ennill y dydd. Y canlyniad, wedyn, odd ca'l 'y ngalw lan i'r lluoedd arfog. Es i rownd y byd, tra odd Wil, pwr dab, yn dal ati, yn y tywyllwch a'r llwch dan ddaear.

Tip glo Blaenhirwaun a fu'n nodwedd amlwg o'r tirlun am ddegawdau

Glyn Thomas

Roedd Glyn Thomas, yn wreiddiol o'r Garreg Hollt, Cefneithin, yn un o gyfoedion Jac. Mae ganddo atgofion byw o'i ddyddiau cyntaf yn y gwaith glo.

❝ A gweud y gwir, on ni blant, yn beder ar ddeg, yn dishgwl mla'n i fynd dan ddaear . . . odd e'n rhyw fath o *'badge of manhood'* . . . och chi'n ca'l rhyw fath o *Certificate* o'r *Tech* lleol, a 'na fe . . . fynycha byddech chi'n dechre gwitho 'da'ch tad, ond odd tad Jac yn gwitho'r shift nos trwy'i fywyd, mae'n debyg. Odd lot o'r glowyr yn ofan y shifft 'na . . . wrth i chi fynd yn ddyfnach dan ddaear, odd e fel 'se chi'n gallu clywed y ddaear yn mynd i gysgu . . . syne od ac ofnus iawn, a gweud y gwir. Fel arfer byddech chi'n dechre ar ben y gwaith glo – sorto'r glo; trin y trams a'u hala nhw nôl dan ddaear. Wedyn, ar ôl sbel, byddech chi'n mynd at golier profiadol, a on ni'n ca'l rhyw ddou swllt a saith cinog y dydd. 'Bytis' on nhw'n ein galw ni . . . prentis, a gweud y gwir . . . ac os y byddech chi'n gwitho 'da'ch tad gelech chi ddim arian poced wrtho fe am eich help, a wedyn bydden ni fechgyn yn trial mynd yn 'byti' i golier arall er mwyn ca'l lan at naw cinog o 'dip' wrthyn nhw. Cofio'r tywyllwch a'r drewdod – yn enwedig gorfod gwisgo'r trowsus *moleskin* i gadw'n coese ni'n saff – odd e'n ofnadw! Cofio Mam yn neud bwyd i ni, a ni'n rhoi e – yn fechgyn prowd – yn y '*Tommy Box*', fel on ni'n ei alw fe . . . bara caws, fynycha, a poteled o ddŵr. Ond withe bydde Mam yn neud *sandwiches* 'da tomatos ynddyn nhw, ac odd rhyw flas ofnadw arnyn nhw! Odd y llygod mowr yn dod mas, wedyn, whilo am fwyd . . . a'th hi'n wa'th 'da nhw pan ddethon nhw â cheffyle dan ddaear . . . odd rhaid 'u bwydo nhw, a wedyn welon ni dipyn mwy o'r llygod mowr ambyti'r lle . . . ❞

Roedd gwaith glo Blaenhirwaun ar stepen drws teulu Waunwen. Fe'i agorwyd yn 1913, a'r perchnogion oedd SR Anthracite Collieries Ltd., nes i'r cwmni gael ei wladoli yn 1947. Erbyn i Jac ddechrau yn y pwll yn 1932 roedd 453 o ddynion yn gweithio yno. Caewyd y pwll yn 1962.

Tra oedd Wil yn gweithio ar y ffas, gweithio wrth y 'drysau' dan ddaear a wnâi Jac, yn eu hagor a'u cau er mwyn i'r cerbydau fynd heibio ond ar yr un pryd sicrhau llif cywir o aer trwy'r gwaith. Roedd hi'n swydd unig ac undonog.

Cymry oddi cartref

Pennod 3

Y Lluoedd Arfog

Ymunodd Jac â'r Lluoedd Arfog yn 1943. Y Royal Army Service Corps oedd yr enw swyddogol ar y corfflu ond, yn answyddogol, roedd y dynion yn ymfalchïo yn yr enw Royal Army Skirt Chasers!

Ffurfiwyd y corfflu yn 1888, ac ychwanegwyd y gair 'Brenhinol' yn 1918. Gwaith y milwyr oedd cefnogi'r bois ar faes y gad, gan ddarparu bwyd, tanwydd a hanfodion eraill.

Teithiodd Jac dros sawl cyfandir yn ystod y rhyfel, a'r waedd *'Come on, Taff – give us a song!'* yn adleisio'n aml yn ei glustiau!

Ac ar gefn y llun

Scarborough yn 1944, flwyddyn ar ôl ymuno â'r fyddin

On i yn yr 80th Base Supply Depot, yn dilyn unrhyw ymladd gyda bwyd a phetrol i'r milwyr wrth iddyn nhw symud ymla'n. Nethon ni gyrradd un lle ag odd y Jerries newydd adel – a'u bwyd yn dal ar y ford.

Bues i yn Ffrainc, Gwlad Belg, Yr Iseldiroedd a'r Almaen.

Eglwys Gynulleidfaol y Tabernacl,
(TABERNACLE CONGREGATIONAL CHURCH.)
Cross Hands.

John W. Davies

Gweinidog (Minister.)	Trysorydd (Treasurer.)	Ysgrifennydd (Secretary.)
Parch. (Rev.) LLEWELYN JONES, "Y Manse," Cefneithin, Llanelli.	DAVID SAMUEL, Llechyffin, Cross Hands, Llanelli.	JOHN MAINWARING, Glangwili, Cross Hands, Llanelli.

Annwyl Frawd,

Yr ydym, fel Eglwys yn y Tabernacl, wedi penderfynu anfon rhodd fechan i fechgyn a merched, plant a chysylltiadau'r Eglwys sydd yn y lluoedd Arfog.

Derbyniwch hi gyda dymuniadau gore'r Eglwys.

Yr ydym yn meddwl llawer amdanoch, ac yn ein gweddiau, yn eich cyflwyno i ofal yr Arglwydd, y mae Ef yn un sydd yn llond pob lle, a'i wyneb ym mhob man.

Cysgod Duw a fyddo drostoch chi, a brysied y dydd y gwelir terfyn ar yr heldrisc ofnadw yma, ac y cewch ddychwelyd yn holliach at eich teuluoedd annwyl, ac i'r Tabernacl, sydd, mi gredwn, yn agos iawn at eich calon.

Y swm amgaeedig yw 10-. Rhodd fechan yw, ond gwyddom y teimlwch bod ein cofion a'n dymuniadau tuag atoch yn fwy na'r arian.

Fe ddaw, ac fe a yr arian, i lanw rhyw fwlch o'ch angen, ond fe erys ein cofion gyda chwi bob amser.

Pan y cewch hwyl ac hamdden, byddwn yn falch a diolchgar am air oddiwrthych, yn cydnabod y rhodd, fel y byddwn yn gwybod eich bod wedi ei chael, a llythr, byr neu faith, Cymraeg neu Saesneg, fel byddo'r hwyl.

Yr ydym, gyda'r dymuniadau gore, dros yr Eglwys.

Llewelyn Jones, Gweinidog

John Mainwaring, Ysgrifennydd

Cân o'r cyfnod yr oedd pawb yn hoff o'i chlywed

Breuddwydio o bosib am ei arwr, Trevor Ford. A dechrau'r arfer o'r siorts!

On i'n canu yn y wlad 'ma gyda'r Regimental bands, caneuon fel '*My heart is broken but what do I care*' a '*What life could hold for me*' – ac ambell i gân serch o Ffrainc, ddysges i pryd on i yn Antwerp.

Cofio mynd o Portsmouth – peder llong yn orlawn o filwyr yn mynd mas i Ffrainc, ac yn ystod y nos dyma lais yn dod dros y *tannoy*, yn gofyn a oedd 'na Gymro ar y llong – a dyma fi'n dweud 'mod i . . . a gofynnodd e a fydden i'n fodlon canu '*Hen Wlad fy Nhadau*' 'da fe . . . a dyna ble'r on ni, yn y tywyllwch, yn canu'r anthem!

On i ddim am ladd neb – ond odd y bomie V1 a V2 yn disgyn fel clêr o gwmpas y lle.

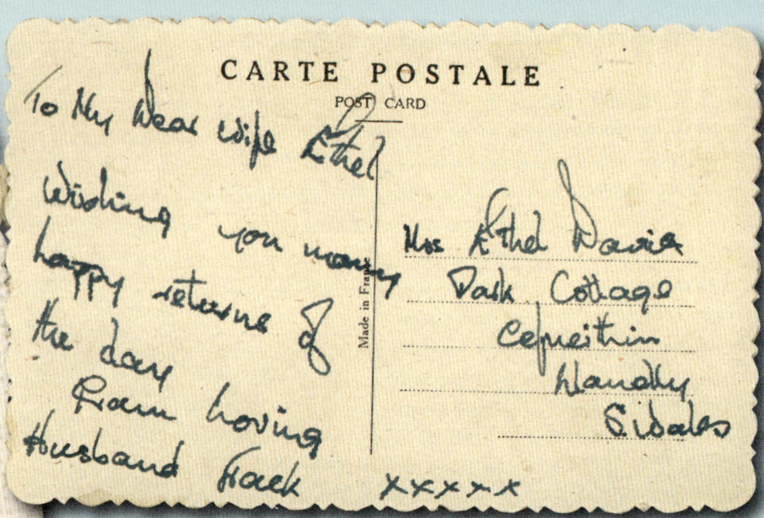

Cerdyn post: ar y cefn, 'To my dear brother Corris' (a oedd yn India ar y pryd)

Yn ôl un o'i ffrindiau gorau, Alun James, Llanarthne:

Alun James

" Dodd dim rhaid i Jac fynd i'r rhyfel. Gas e ddim 'i alw lan achos, fel colier, odd e'n beth on nhw'n galw'n *reserved occupation*. Ond odd Jac yn moyn ymladd dros 'i wlad, a mynnodd e fynd. Aeth e mewn i *recruiting office*, a gofynnon nhw beth odd 'i oedran ac yn y bla'n – popeth yn iawn – ond unwaith glywon nhw beth odd 'i waith e, *'Sorry,'* odd yr ateb. *'But I want to go!'* medde Jac. *'Well, you'll have to negotiate your release,'* oedd yr ateb. Odd Jac yn benderfynol – unwaith y bydde fe'n neud ei feddwl lan am rywbeth, wel 'na fe, wedyn! A sortodd e fe i gyd mas. "

Ebrill 1945, wedi goroesi'r rhyfel

Y Trwbadors gyda Criselda

Pennod 4

Y Trwbadors

> Yn dilyn ei gyfnod yn y lluoedd arfog, dychwelodd Jac i Gefneithin, a gwneud amrywiaeth o swyddi. Bu'n gofalu am y lawnt bowlio yn Cross Hands, labro gyda chwmni Gwyn Griffiths o Gydweli yn adeiladu stad o dai newydd yng Nghefneithin lle, ymhen amser, y byddai Barry John yn cael ei fagu. Yna fe ddaeth cyfnod o weithio ar y banc yng ngwaith glo Great Mountain yn y Tymbl cyn cael swydd yn stordy'r NCB. Ymhen amser daeth yn brif swyddog y stordy ym Mhantyffynnon, Rhydaman, ac yno y bu tan iddo ymddeol yn 1983, yn 65 oed. Yn 1947 roedd y Tumble Troubadours wedi ei ffurfio – a dyna bennod bwysig yn ei fywyd.

Odd Wil wedi priodi erbyn hyn, ac yn mynd i gapel Bethel yn Tymbl, lle odd e'n byw . . . a 'ma fe'n 'y mherswado i i ymuno â Chôr y Tymbl. Wedi'r rhyfel rodd capeli'r ardal i gyd yn cynnal cyngherdde, a fynycha odd pob perfformiad yn llawn. Dyma ddechre cyfnod Y Trwbadors!

'Hen Alaw Fwyn', 'Hen Gloc fy Nain', 'Comrades in Arms', 'All in the April Evening', 'Lily of Laguna' – 'na rai o'r caneuon y bydden ni'n 'u perfformo . . .

Jac, mas o'r Fyddin, gyda Wil

Ernest Evans

" Y Tymbl Trwbadors . . . fe ddechreuon ni yn 1947 a gorffen sha 1982. Trŵp o fois wedi ca'l di-mob on ni, a mofyn neud rhywbeth i ddiddori'n hunen a'r gymdogeth. Odd un ferch 'da ni, Criselda, a merch dda odd hi 'fyd. Canu a sgetsys odd 'da ni fwya – ac on ni'n dipyn o showmen! Odd hanner y cwmni'n hoff o'r ddiod, a hanner yn llwyrymwrthodwyr – ond ddim yn llwyr, hefyd; withe on nhw'n yfed un glased bach!

On ni'n rihyrso yn y siop sgidie ar wilod High Street fan'na, a'r arweinydd odd Tom Hughes. 'Na gymeriad i chi! Yn fiwsishan da iawn; dim lot o seis, un tene odd e â silicosis; dyn hoffus dros ben ond odd y tempar rhyfedda ynddo fe. Os on ni ddim yn neud beth odd e moyn i ni neud amser rihyrsal, bydde fe'n diawlio ni a'n damnio ni . . .! Ond glywes i neb yn gweud gair cas amdano fe eriod. Odd e'n hyfryd o foi, odd, wir i chi.

Lynn Roberts dda'th i'n harwen ni ar ôl dyddie Tom, a'r cynhyrchydd Gwyn Ifans – Gwyn D. Evans, odd yn arfer sgrifennu i 'Bobol y Cwm' ar y dechre'n deg, a fe odd y boi am sgetsys! Y pianyddion odd Harri Morris, Rosina, Margaret a Lyn.

Odd hi'n gymdeithas wahanol pryd 'ny. Odd dileit canu ynon ni gyd ch'mbod; on ni'n moyn perfformo ac on ni moyn rhywun i'n 'fforddi ni a neud y sbort, oherwydd unweth 'ych chi mewn cymdeithas fel 'na 'ych chi moyn mwynhau, ontyfe! Sda fi ddim cof i ni gwmpo mas o gwbwl; yr unig wanieth odd bod rhai yn sychedig a rhai ddim, 'chwel!

Ethon ni dros Gymru gyfan, ac odd Jac a Wil gyda ni. On nhw'n neud eitem neu ddwy 'u hunen – eiteme pwysig iawn. On ni i gyd fel trŵp yn falch iawn bod nhw wedi neud enw iddi hunen – ac odd e'n help i ni fel parti 'fyd. Os odd pobol yn gwbod bod Jac a Wil 'da ni, wel, 'na gant arall yn y gynulleidfa!

Weda i'r stori hyn wrthoch chi hefyd. Cofio mynd i'r lle 'ma lawr yn Sir Benfro yn rhywle . . . a cyrredd jyst mewn pryd! Mewn â ni i'r neuadd a paratoi i fynd arno strêt awê, ac yn timlo'n sychedig, y rhai o ni odd yn lico dropyn bach ne' ddou. Ta pun hi, dodd dim lle yn y gwt i ni fynd mas y bac – dim ond yr exit yng nghanol yr *hall*. Ond fel odd lwc yn bod, odd ffenest i ga'l 'na, ac ar hanner amser 'ma wasgu mas drw'r ffenest, pedwar ohonon ni, a 'ma ni'n ffindo'r dafarn agosa, a yfon ni beint a 'nôl â ni. Diawl. Odd y ffenest ar gau! Clywed Tom Daniel yn arwain fan'ny . . . a wedyn Jac a Wil yn canu. Tom yn gweud stori arall, Jac a Wil wedyn yn canu dwy ddiwét 'da'i gilydd, ond odd dim byd i neud nawr ondefe, on ni'n wsu'n shwps . . . so 'ma gerdded lawr – lawr, trw'r neuadd 'achan, ac i'r llwyfan . . . a wir, fuodd y dorf digon call i roi 'real good clap' i ni! "

Jac ac Ernest: dyddiau mebyd

Lynn Roberts

" Ma'r stori'n dechre unwaith y des i nôl o'r fyddin . . . a ffindo 'mrawd a 'nghender yn y grŵp newydd 'ma – Y Trwbadors. Ces i ymuno'n syth â nhw, a bues i'n ddigon lwcus i gael rhai o'r caneuon ysgrifennes i wedi'u perfformo gan y bois. Unwaith ymunes i, odd dim gadel i fod – on i'n *firm company*, ys weden nhw yn Saesneg!

Fe drafaelon ni lot, a hynny dros y wlad gyfan, i gyd gyda'n gilydd – lawer o weithie'r wythnos, ambell i waith – trafaelu lan i'r gogledd, Bangor a'r llefydd 'na i gyd – on ni'n boblogaidd iawn yn y Gogledd – ac on ni'n hoffi mynd yr un ffordd bob tro! Cyrraedd nôl, wedyn, dau neu dri o'r gloch y bore; cysgu am ryw awr neu ddwy – a wedyn pawb yn mynd i'r gwaith – neb yn colli tyrn o waith!

Roedd un ferch yn canu 'da ni – Criselda – a ma' hi'n amlwg ar y record fach 'na nethon ni, 'Gwenno Fwyn' a 'Seren Fechan'.

Os wy'n cofio'n iawn, nethon ni berfformo gyda'n gilydd yn 1949 yn neuadd Tymbl. Ethon ni lawr i berfformo 'na, a ffindo bod dim gole 'na – odd y trydan wedi diffodd! Yr ateb odd whech lamp o'r gwaith glo – lampe'r coliers!

Fe fuon ni'n perfformo 'da Dorothy Squires – wel, o Lanelli odd hi'n dod, on'tyfe, a odd hi'n hoff iawn o'r Trwbadors. Odd hi'n edmygu ni gymint, odd hi'n moyn i ni fynd mas gyda hi i Awstralia – a phan ofynnodd hi i ni, dyma pawb yn gweud 'Reit!'. Odd pawb yn moyn mynd gyda hi – nes bo ni'n cyrraedd adre at y gwragedd, a dyma comon sens yn dod mewn iddi wedyn, wrth gwrs. Wel, roedd rhaid ennill bywoliaeth – a 'na ddiwedd ar hwnna!

Fe fuon ni'n perfformo tipyn ar y radio – gyda Mai Jones, Hughie Green, Norman Vaughan a'r Dallas Boys, David Lloyd a Ryan Davies – fe fuodd Y Trwbadors yn perfformo gyda nhw i gyd – ond ethon ni ddim yn broffesiynol a gadael ein teuluoedd a'r ardal – na, ddim o gwbl.

On ni'n canu bob wythnos yn rhywle – weithe fwy nag unwaith. Un wythnos odd wyth cyngerdd 'da ni – a *broadcast*!

Odd Jac a Wil yn rhan amlwg o'r trŵp – on nhw'n agos at galonnau'r werin – dim byd *high-falutin*, fel ma'r Saeson yn gweud, a phawb yn gallu canu'u caneuon, hefyd, os on nhw ishe. "

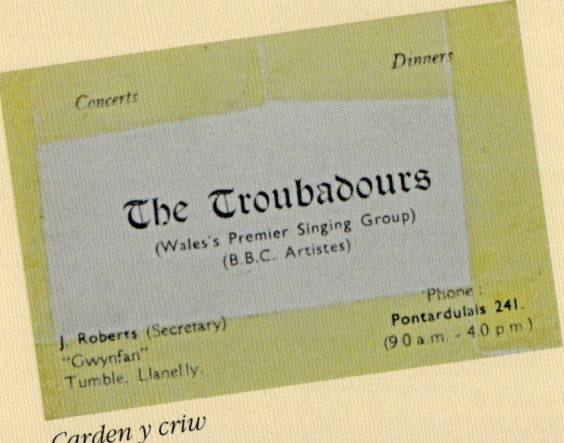

Carden y criw

Y Trwbadors yn cynnal noson yn Abertawe, 1948: Jack Roberts, Will Davies, Jo Morgan, Jac Davies, Lynn Roberts, Idwal Phillips; yn eistedd – Tom Hughes a'r cyfeilydd Harry Moorhouse

Jack Roberts, Will Davies, Jo Morgan, Tom Hughes, Glyn 'Twryn' Thomas, Jac Davies a Idwal Phillips

DYDDIADUR 1959

15.2.59 Sul	Practice Opera 3-5pm Chapel Evening
18.03.59 Mercher	Trwbadors Llanboidy 7.30pm
19.03.59 Iau	Heol Awst, Caerfyrddin
20.03.59 Gwener	Y Trwbadors St. Davids
21.03.59 Sadwrn	Y Trwbs. Llangaffo, Anglesey
23.03.59 Llun	Y Trwbs. Penygroes Hall
24.03.59 Mawrth	Y Trwbs. Neuadd Lesiant Tymbl
25.03.59 Mercher	Y Trwbs. St. Clears
18.05.59 Llun	Tufton, Sir Benfro. Unable to turn up. Wil on Fire Brigade duty
2.08.59 Sul	Jac & Wil Bala
8.10.59 Iau	Jac & Wil Claridges Llundain

Monday, March 4, 1963

The Troubadors, who are to appear with Norman Vaughan in the Swansea Round Table's midnight matinee. They are all from the Cross Hands and Tumble area and have often appeared on television. In front is the accompanist, Mr. Lynn Roberts, and at back left, the musical director, Mr. Tom Charles. See Midnight Show in 'Post' Man's Diary.

THE BRITISH LEGION
CRYMYCH & DISTRICT BRANCH
take pleasure in presenting

The Troubadours Concert Party

featuring

JACK a WILL
(B.B.C. T.V.'s Top Recording Stars)

Miss PEGGY WILLIAMS (Contralto)
(B.B.C. T.V.'s International Winner)

TOM DANIEL (Elocutionist)
(National Winner)

with THE TROUBADOURS B.B.C. & T.V. SINGERS
(Music Director : LYNN ROBERTS)

at their

Remembrance Sunday CONCERT
at The MARKET HALL, CRYMYCH
on REMEMBRANCE SUNDAY, 9 NOVEMBER, 1969
Commencing at 8 p.m.

President : Mr. D. T. JONES, Efronfea, Crymych
Chairman : The Rev. G. LEONARD REES
(Branch Chaplain)

Admission by Programme : 5/-
Old Age Pensioners and Children : Half price at door

1st HALF

PRAYER

QUEEN

1. THE TROUBADOUR SINGERS
   "Hen a Newydd" (Words and Arr. : L. Roberts)
   "Soldiers Dream" (Words and Arr. : L. Roberts)

2. Miss PEGGY WILLIAMS .... "Y Nefoedd"

3. ERNEST EVANS .... Item from "Under Milk Wood."

4. THE TROUBADOUR SINGERS
   "Mab y Dyn" (Words : L. Roberts)
   ("Mary's Boychild")

5. JAC A WILL .... "Pwy tydd yma 'mhen Can Mlynedd."
   (Arr. : Tom Hughes)

TOM H. HUGHES,
"BASS BARITONE"

TYISHA,
TUMBLE,
LLANELLY.

Aduniad o'r Trwbadors: Walford Richards, Wil Davies, Jack Roberts, Dilwyn Roderick, Jac Davies, Walford Evans, Ernest Evans, Lynn Roberts

Tafarn y Cennen Arms, ger Castell Carreg Cennen

Neuadd Albert, Llundain

Pennod 5

Neuadd Albert

Roedd hi'n fis Awst, 1957, a dim byd gan grŵp o ffrindiau i'w wneud ar noson heulog, braf ond ffoi o ddüwch dan ddaear a mynd am dro yn y car.

Doedd neb i wybod pwysigrwydd y siwrnai fach hon na'i heffaith ar fywydau Jac a Wil. Y noson honno 'darganfuwyd' y ddau frawd wrth iddynt berfformio'n anffurfiol yn nhafarn y Cennen Arms – heb yn wybod iddynt roedd rhai pobl ddylanwadol dros ben yno'n gwrando. Freuddwydiodd neb y byddai noson o joio yng nghefn gwlad yn arwain at wahoddiad i berfformio yn y ddinas fawr ei hun. Roedd y ddau frawd ar eu ffordd i gyngerdd mawreddog yn Neuadd Albert, Llundain!

I'w gymharu â'r 30 person yn nhafarn y Cennen Arms, cafodd 5,554 o bobl y pleser o weld y ddau frawd yn perfformio yn Neuadd Albert. Ac ar y noson fawr, roedd pob sedd yn llawn.

Odd Alun Williams yn 'i raglenni radio sbel yn ôl yn arfer sôn 'yn bod ni wedi cael 'yn darganfod mewn tafarn – ond nage 'na'r stori iawn! Odd Wil ar ei wylie, ac on i'n digwydd bod yn gwitho. Rhyw nos Wener odd hi, a 'ma Wil yn galw hibo a gofyn os on i'n moyn mynd am reid 'da fe a Sioni Morris (o'r ddeuawd Sioni a Yori; tad Ronnie Williams, *Ronnie a Ryan*), a Winston Rees, tenor o fri . . . a nethon ni benderfynu mynd mas i'r wlad, i'r Cennen – Tafarn y Cennen. Ta ble'r odd piano, bydde Sioni'n mynd ato a dechre whare, a pwy odd 'na ond Alun Talfan Davies a llwyth o'i ffrindie.

Beth bynnag, dyma Sioni'n dechre perfformo . . . der, odd e'n medru'n iawn 'te . . . ac mi ofynnon nhw i ni os delen ni lan i Dŷ'r Gwesty, odd yn y Cennen – a Mr a Mrs Price yn 'i gadw fe – i'w diddori nhw am ryw ychydig. Wrth gwrs, odd pawb yn fodlon mynd lan, a bant â ni gyda nhw i'r gwesty a, whare teg iddyn nhw, 'ma ni'n ca'l cino 'run peth â nhw. A wir, aeth hi'n gyngerdd mawr – mla'n sbo'r bore bach – dou neu dri y bore – a 'na ble buon ni'n canu o flaen Syr Alun Talfan Davies.

Wel, ymhen amser geson ni wahoddiad i ddod â'r un criw i ganu eto – y tro 'ma gyda'r ddou frawd, Alun ac Aneurin Talfan Davies yno.

O ganlyniad i hwnna, fe dda'th llythyr ato i, gyda gwahoddiad i fynd i ganu yn nathliadau'r Cymry Cymraeg yn Llunden ar gyfer Dydd Gŵyl Dewi. Es i lawr i gwrdd â Wil yng ngwaith glo y Tymbl – odd e ar y shift pnawn – ac aros iddo fe ddod lan o dan ddaear. A 'ma fi'n gweud 'tho fe bo ni 'di ca'l gwahoddiad i ganu yn yr Albert Hall. Yn 'i ddiniweidrwydd 'ma fe'n gofyn os taw'r Albert Hall yn Abertawe odd 'da fi mewn golwg . . . a dyma ateb, 'Na – Llunden!'.

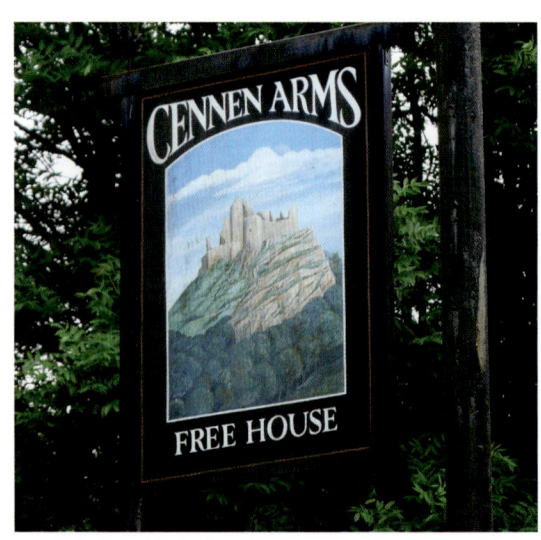

Fe fyddai Wil yn sôn yn aml am hyder Jac – yr hyder oedd yn ei gario fe.

'Jac odd yr arweinydd, a wy'n credu, heblaw am Jac, fydden ni ddim wedi mentro mla'n fel y nethon ni – on i 'yn hunan ddim yn hoff o ganu ar ben llwyfan.'

Beth bynnag am swildod naturiol Wil, fe dderbyniwyd y gwahoddiad. Yr 22ain o Fawrth, 1958, oedd hi. Yn America roedd Elvis Presley o fewn tridiau i dorri'i wallt a dechrau bywyd fel milwr, ac Alec Guinness yn difaru creu'r bont enwog yn y ffilm *Bridge over the River Kwai*.

Ond ym Mhrydain fe grëwyd hanes gwahanol – fe ddaeth y byd yn ymwybodol o Jac a Wil yn canu gyda'i gilydd. Idwal Phillips a'i wraig aeth â'r ddau frawd lan i'r Albert Hall – ac fe gafodd Wil ofan mawr pan welodd e faint y lle. Bu bron iddo newid ei feddwl a'i throi hi'n ôl tua'r Tymbl!

'Beth wyt ti'n meddwl, Jac?' gofynnodd Wil i fi – a dyma fentro arni!

On ni'n dou wastod wedi meddwl bod 'yn brodyr, Tom ac Allenby, yn well cantorion na ni – dou denor yn canu baritone. Mater o lwc odd hi, a bod yn onest, bod Wil a finne gyda'n gilydd y noson honno pan welodd Syr Alun Talfan ni.

On ni ddim wedi ymddangos fel deuawd 'swyddogol' mewn cyngherddau cyn hyn, a pan ethon ni lan i Lunden odd Mam a 'nhad gyda ni, yn ogystal â 'mrawd a'n chwaer odd yn byw 'na . . . a meddwl bod chwe mil 'na . . . a ni, dou golier cyffredin, yn mynd i ganu 'na!

Pryd nethon nhw alw'n henwe ni i ddod mla'n, wel, on i'n cerdded fel se hi'n rhyw filltir i ble'r on ni fod i sefyll ar y llwyfan . . . odd, rodd e'n dipyn o brofiad!

Ganon ni 'Arfer Mam' a 'O Dwed wrth Mam' – dim ond dwy gân on ni'n ca'l canu, achos 'i fod e'n ca'l 'i ddarlledu. Unawdydd y nos oedd Syr Geraint Evans.

Gelon ni beth on nhw'n galw yn encôr, ond geson ni ddim mynd nôl i ganu. Ond geson ni groeso rhyfedd . . . nid bo ni'n 'i weud e, ond y ffaith odd, gas Syr Geraint ddim encôr, on'tyfe! Ond gyda ni'n dou, on ni'n canu caneuon odd yn cyffwrdd â'r galon – dwy gân fach reit syml – a byth oddar 'ny, nethon ni ddim edrych nôl!

Rodd Wil a finne'n ca'l nerth o'n gilydd.

Un o'r lluniau cyhoeddusrwydd cyntaf, a dynnwyd mewn stiwdio yn Abertawe

Esme Lewis

Hefyd yn perfformio y noson honno roedd y gantores boblogaidd, Esme Lewis.

" Rwy'n cofio 'u bod nhw'n bobol mor hyfryd, mor siaradus, mor lyfli ac annwyl, chi'n gwbod . . . a joio ca'l tamed bach o sbort . . . ond unwaith y bydden nhw ar y llwyfan, o fla'n y meic – *business only*, wedyn.

Roedd y sain mor unigryw . . . odd neb yn gallu canu fel y nhw . . . a fe wnes i'r Albert Hall gyda nhw, chi'n gwbod! Odd fel se pawb yn 'u nabod nhw! Odd lot o gyfieithiade 'da nhw – caneuon Sankey a Moody – odd lot o'r gynulleidfa'n gyfarwydd â'r caneuon . . . ac odd 'u clywed nhw â geirie Cymraeg yn sbesial iawn i bawb. Ond i weld y ddou o nhw ar y llwyfan mawr 'na – wel, odd hi'n ddramatig iawn a gweud y gwir! Odd pawb yn dwlu arnyn nhw a'u caneuon, ac odd y gynulleidfa wedi cymeryd atyn nhw'n syth. Jac odd yr un mwya hyderus, yn cyflwyno'r caneuon, tra'r odd Wil yn sefyll yn llonydd fan'na wrth 'i ochor e.

Odd dim canu pop yn y Gymraeg ar y pryd . . . a nethon nhw droi yr emynau hyn i fod yn rhywbeth tebyg i ganeuon poblogaidd – 'pop' Cymraeg!

Roedd hi'n amlwg 'u bod nhw'n mwynhau eu gwaith, a bod tipyn o ymarfer wedi bod cyn y perfformiad. Odd y gynulleidfa'n gallu gweld hynny – ac on nhw'n gynulleidfa Gymraeg, hefyd, chi'n gwbod, ac wrth 'u bodd gyda'r pethe Cymraeg. "

Sgwrs fach ag artistiaid eraill rhwng ymarferion, Neuadd Albert, Mawrth 22, 1958

Pennod 6

Recordio

Yn dilyn yr ymddangosiad arbennig yn Neuadd Albert, daeth llythyr o 30, Ffordd Aberhonddu, Pontardawe, wrth John Edwards, perchennog Cwmni Recordiau Qualiton. Roedd e, fel Cymru gyfan, wedi clywed am lwyddiant y ddau frawd yn Llundain. Gwahoddiad oedd yn y llythyr, i wneud record o'r ddwy gan 'Pwy fydd yma' a 'Dwed wrth Mam'.

Ymhen rhai misoedd rhyddhawyd record *shellack* 78 troad y funud, Qualiton GM 2239. Ar un ochor roedd y gân 'O Dwed wrth Mam', ac ar y llall, 'Arfer Mam'. Y cyfeilydd ar y piano oedd Harry Moorhouse.

Dros y blynyddoedd gwerthodd recordiau Jac a Wil yn eu miloedd — yn gynta gyda Qualiton, wedyn dan enw Teldisc ac yna gan gwmni Sain.

Ffigwr hollbwysig yn hanes llwyddiant Jac a Wil wrth iddyn nhw fynd ymlaen i berfformio a recordio oedd aelod arall o'r Trwbadors, Tom Hughes. Fe oedd yr un a drefnai'r lleisiau i uno mewn ffordd arbennig ac unigryw.

Fel mae'n digwydd, roedd cysylltiad teuluol hefyd, oherwydd priododd Wil chwaer Tom, Lena.

Yn ôl Wil, heblaw am Tom Hughes ni fyddai'r ddeuawd wedi bod fel y buon nhw, ac iddo fe yr oedd y clod am eu sŵn arbennig.

Bydde Tom Hughes yn trefnu rhanne arbennig i ni'n dou – a wedyn, os y bydde dou arall yn trio'n dynwared ni, fe gelen nhw broblem fawr, achos odd trefniant Tom mor arbennig bob tro. Odd e'n creu rhan i Wil. A falle bydde rhai node ar gyfer alto, a bydde fe'n 'u trefnu nhw a'u codi *octave* i soprano. Odd tipyn o allu 'da fe i drefnu caneuon. Buodd e'n arwain Côr Meibion y Tymbl ar un adeg ac odd hanes am ei dat-cu yn ca'l 'i hala i America am fod yn un o Ferched Beca!

Odd e'n deall 'yn lleisie ni, a bydden ni'n hala orie maith yn 'i dŷ yn ymarfer.

On ni'n awyddus i ganu caneuon odd yn cyffwrdd â chalonne pobol – apelio at deimlade pobol, fel 'Ble mae fy machgen hoff?', 'Gweddi Mam' a'r 'Border Bach', yn ogystal â'r ffefrynne, wrth gwrs , 'O Dwed wrth Mam' ac 'Arfer Mam'.

Jac, Tom Hughes a Wil

Wel, fe gafodd y record Gymraeg dderbyniad da, a dyma wahoddiad i neud un arall. Ymhen tipyn 'ma John Edwards yn gofyn i ni recordo un Saesneg – da'th 'na gais wrth y di-Gymra'g, mae'n debyg.

Fe nethon ni recordo mewn sawl lle – clwb ym Mhontardawe, Creunant, a wedyn yn stiwdio fach yr organydd enwog Charles Clements – odd un 'da fe reit ar bwys y stesion yn Aberystwyth. *Annexe* odd 'da fe, gyda'r organ Hammond a'r peirianne recordo i gyd 'na. Withe bydden ni bron â chyrradd diwedd cân pan fydde'r trên yn cyrraedd y stesion! Nôl â ni i ddechre'r gân odd hi, wedyn!

1.3.64

Dydd Sul *Codi 9am. Cychwyn i Aberystwyth. Cyrraedd 11am. Gwneud record arall. Gartref 7pm. Ateb llythyron.*

Ann Mathias

" Mae'r stori'n dechre i 'nhad a Jac a Wil ar ôl iddyn nhw ddod yn ôl o'r noson honno yn y Cennen Arms, Trap. Odd y ddou o nhw'n meddwl fod ishe rhywun i 'bolisho' eu canu nhw, so dethon nhw at 'y nhad. Ar y pryd, dim ond 'Dwed wrth Mam' odd 'da nhw yn 'u *repertoire*. Dyma Dadi'n whilo yn rhaglenni'r Gymanfa a ffindo 'Arfer Mam'. On nhw'n nabod Dadi'n dda trwy fod yn y Trwbadors, a odd e'n arwain Côr Meibion y Tymbl. Odd e wedi cael gwersi canu a theori cerddoriaeth, a galle fe sgrifennu hen nodiant a sol-ffa, ond odd e'n ffaelu whare'r piano.

Wel, da'th y ddou o nhw at Dadi a gofyn 'Beth allwn ni ganu?' ac fe a'th Dadi at lyfr *Swn y Jubili* – ma'r rhan fwya o'u caneuon mas o hwnna – a'r llyfr emyne. Cyn iddyn nhw ddod I ddysgu'r caneuon, bydde Dadi'n gofyn i fi ishte wrth y piano a bydde fe'n pigo nodau mas o'r sol-ffa a'r cordie, a wedyn sgrifennu'r caneuon i gyd mas, o'r newydd, iddyn nhw. Odd 'u lleisie nhw'n blendo, fel dou frawd, ond Dadi wnaeth yr harmoni i gyd. Odd yr harmoni ddim yn dod yn naturiol iddyn nhw, ac yn achos Wil, fe fydde fe'n pigo rhywbeth o ran alto a'r tenor, a bydde fe'n gorfod dysgu'r rhan ar 'i gof gan nag odd e'n gallu darllen cerddoriaeth – odd e'n ffaelu 'sol-ffio' o gwbl. Wedyn, bydde Wil yn dod i'n tŷ ni am bythownos cyn bod unrhyw sôn am Jac, a Dadi'n dysgu'r rhan iddo fe. Bydde Jac yn gallu darllen yr alaw, felly odd dim gwaith dysgu 'da fe. Odd Jac wastod yn ca'l stŵr 'da Dadi – byth Wil! Odd Jac yn gallu 'i dderbyn e, er falle taw Wil odd yn neud y camsyniad!

Odd Dadi'n 'u harwain wrth iddyn nhw ganu – a buodd e ym mhob sesiwn recordio gyda nhw, a sefyll o'u bla'n nhw. Fe na'th feddwl am iddyn nhw gymeryd anadl ar ôl yr 'O' yng nghytgan 'O Dwed wrth Mam'!

Odd Dadi'n hala orie i sgrifennu'r rhanne, wedyn hala nhw at John Edwards, Qualiton, i weld os on nhw'n iawn – a wy'n cofio'r ffys ynglŷn â'r gân 'Pwy fydd Yma'. Odd neb yn gwbod pwy odd wedi sgrifennu'r geirie. Mae'n debyg bod ffrind wedi bod mewn oedfa arbennig yn Rhydaman ac rodd y geirie hyn ar y rhaglen. Wel, dyma Dadi'n penderfynu defnyddio'r geirie – a gofyn barn John Edwards – a dyma fe'n gweud, 'Fydd neb yn sylwi. Cariwn ni mla'n a'i recordo.' Ond cas e 'i ddala! Pan dda'th y record mas, cas e lythyr wrth Llwyd Williams, Capel Ebeneser, Rhydaman – fe odd wedi cyfansoddi'r penillion ar gyfer canmlwyddiant y capel! Ond gadewodd e iddyn nhw gario mla'n i werthu'r record, diolch i'r drefn! "

Tom Hughes, y tiwtor

THOUSANDS AWAIT JAC and WIL'S RECORD

THEIR latest record will be released for Christmas, and thousands of fans will be buying it. But "Jac and Wil" are not a pop group—they are Carmarthenshire's singing pitmen brothers with a new disc of Christmas carols.

Jack and Will Davies, of Tumble, hope it will be as successful as the one they made last year—and that sold thousands all over Britain.

The new record, made in Crynant Miners' Welfare Hall, is the eleventh EP to be sung in Welsh by the brothers, who have also made 18 singles.

Jack an assistant storekeeper at Ammanford offices, told me: "On our new record we sing Noel, Hark the Herald Angels, Away in a Manger, and Once in Royal David's City. I'm the baritone and Will sings tenor."

His Cynheidre Colliery repairer brother added: "People like us to record at Christmas so that they can buy our record for a present."

Jack and Will made their first record in 1958 after taking part in a concert at the Royal Albert Hall. Since then they have been in popular demand making recordings for two Welsh companies. All except two of their discs are in Welsh.

"The amazing thing," said Will, "is that we seem to be popular with people in England who cannot understand a word of what we are singing. We've even had English housewives asking for our records to be played on Housewives' Choice!"

The brothers have appeared on TV, and make appearances in concerts all over Wales. They sing sentimental ballads, pieces from opera and hymns.

All their music is arranged by a fellow pitman, Tom Hughes, who works at Brynlliw Colliery's washery.

Jack and Will refuse to compete in Eisteddfodau.

Said Jack: "We sing in our own way, which depends very often on how we feel. At Eisteddfodau you have to sing a set piece in a set manner. We do not like doing this."

JAC and WIL

A COVER from one of Jac and Wil's records.

Coal News Dec 1965

Bydden ni'n recordo, fynycha, ar ddydd Sul. Bydde John Edwards yn galw amdanon ni'n tri ar fore Sul – Wil, Tom Hughes a finne. Buon ni wrthi yn Neuadd y Glowyr, Creunant – neuadd shinc – odd John Edwards yn barnu bod yr acwstics yn well fan'na!

Odd hi'n bwysig, medde John Edwards, fod y record dan dair munud o hyd. Odd 'na droeon pan fydden ni eiliad neu ddwy dros yr amser – a wedyn, nôl â ni, a mynd dros yr un peth 'to nes bo ni'n ca'l y gân o fewn y dair munud 'ny. Ac os bydde 'na unrhyw sŵn, y peth lleia – odd 'na broblem! Withe bydde sŵn trên, neu ffôn yn canu . . . Odd hi'n amser rhyfedd iawn!

Dro arall ethon ni lan i Aber i recordo, a ffaelu'n deg â recordo nodyn . . . hala'r dydd yn trio dod o hyd i'r broblem, ond dim ateb o gwbwl. Nôl â ni, gatre, wedi gwastraffu'r diwrnod cyfan. Ceson ni glywed wedyn taw'r oerfel odd wedi achosi'r broblem – rodd y peiriant recordo a'r meicroffon wedi bod lan yn y gogledd yn recordo côr – a'r rhew wedi effeithio ar y peirianne!

Dathlu'r ganfed ddisg a gyhoeddwyd gan gwmni Teldisc: Jac, Joe Jones (marchnata Teldisc), Noel Kendrick, Tom Hughes, Wil, John Edwards a'i wraig

Gwynhaf Davies

Yn 1958 roedd recordiau Cymraeg yn bethau prin. Roedd Elvis Presley wedi cyrraedd brig y siartiau ym mis Ionawr gyda 'Jailhouse Rock', ac erbyn i Qualiton GM 2239 gael ei ryddhau, roedd yr Everly Brothers yn rhif un yn siartiau Prydain gyda 'All I Have To Do Is Dream'. Doedd un bachgen bach, un ar ddeg mlwydd oed o Gefneithin, erioed wedi breuddwydio y byddai ei dad, o bawb, yn gwneud record!

❝ Y tro cyntaf i fi 'u cofio nhw fel Jac a Wil odd yn 1958. On i'n dod gatre o'r ysgol – on i yn y Gwendraeth pry'ny – ar y dydd Llun ar ôl iddyn nhw ganu yn Neuadd Albert, Llundain, a odd rhyw siop bapure yn Nrefach fan'na – Gravells – â notis bord mowr tu fas yn gweud '*Local brothers star in concert*', ac odd 'u llun nhw yn yr *Evening Post*! Wrth gwrs, o fan'ny mla'n, fe dda'th Jac a Wil yn enwog.

Odd wastod rhyw sôn am fiwsig yn y tŷ – 'y nhad yn canu gyda'r Tymbl Trwbadors a odd 'yn fam hefyd yn canu gyda Parti'r Eithin – parti bach o ferched yn y pentre gyda'r diweddar D. H. Culpitt, a odd 'yn fam a 'nhad yn mynd mas shwd gyment yn y nos i neud cyngherdde bach – parti bach lleol fan hyn, neu rywbeth bach fan 'co yn y neuadde bach lleol – Penygroes, Neuadd Tymbl. On i'n mynd 'da nhw wedyn, achos fi odd yr unig blentyn, ac odd neb i edrych ar 'yn ôl i. A 'na ble fydden i, yn y wings wedyn, tu ôl i'r llwyfan, ac os odd 'na ryw waith cartre ne rywbeth 'da fi i neud ar ôl ysgol, bydden i'n 'i neud e fan 'ny, wrth wrando ar y caneuon, a gweld y sgetsys! Odd e'n ddiddorol iawn!

Ces i'n synnu 'da'r ymateb gethon nhw, achos fe ddethon nhw'n ffenomenon wedyn – odd Cymru gyfan yn 'u croesawu nhw. Y drefn fydde bod 'nhad yn mynd i'r gwaith yn y bore a bydden nhw'n ca'l 'u codi wedyn ar ôl gorffen shifft – odd dim un o nhw'n gyrru car. Colier arall, Alun Treharne o Gwm Gwili, odd yn 'u codi nhw, a bydde fe'n 'u drifo nhw lan i'r gogledd, mor bell â Sir Fôn, yn eitha amal. Dechre'r cyngerdd am saith, gorffen am ddeg, a wedyn nôl â nhw yn y car. Bydden i yn y gwely cyn iddyn nhw gyrradd nôl, felly on i ddim yn 'i weld e! Ac odd e wedi codi i fynd i'r gwaith bore ar ôl 'ny cyn bo fi'n codi i fynd i'r ysgol – a dyna beth odd patrwm bywyd pryd 'ny.

Bob tro y bydden i'n mynd i Eisteddfod Genedlaethol gyda 'nhad bydden ni'n cwrdd â ffrindie, a wy'n cofio rhyfeddu at faint odd yn 'i nabod e. Odd pobol yn dod mla'n a gweud, 'Jiw! Jac! Shwd ma'r hwyl, Jac?' – pobol mewn o'd odd wedi bod yn 'u cyngherdde nhw yn y pum dege a'r whech dege dros Gymru i gyd; gogleddwyr yn dod a gweud, 'O, Jac! Chi'n cofio'r gyngerdd 'na yn Sir Fôn?' . . . neu le bynnag . . . ac odd e'n y mwrw I, wedyn, pwy mor boblogedd on nhw, a beth yn gwmws on nhw'n ei olygu i bobol Cymru.

Rwy'n cofio'r dydd da'th y record gyntaf i'r tŷ yn arbennig iawn. Odd hwnna'n beth mowr, wrth gwrs, achos o ran recordie – fi'n mynd nôl nawr i ddiwedd y pum dege – gwrando ar Radio Luxembourg on i fynycha. On i'n rhan o'r genhedlaeth gas 'i chodi lan 'da *Bill Hayley and the Comets* a wedyn Elvis Presley, wrth gwrs! Elvis Presley, Lonnie Donnegan a Little Richard – pobol fel'na oedd y '*stars*', y sêr odd yn neud records – dim rhywun fel 'y nhad, on'tife! Odd. Odd e'n dipyn o beth! ❞

DYDDIADUR 1966

4.01.66 Mawrth — Cael siec o £3.3.0 oddi wrth W.I. Pontyberem. Tŷ drwy'r nos. Ethel yn smwddio. Cael ffôn oddi wrth Tom Hughes - 2pm - John Edwards am wneud Record arall. Edrych ar y teledu. Rhaglen Y Dydd 6.5 - 6.30, Tŷ ni 9 - 9.45, Double Your Money 7 - 7.30.

Bwrw glaw. Gwely 10.30pm

18.02.66 — Codi 7.20am. Ethel gyda mi. Gwneud y tân a'r lludw. Gwaith yn y modur. Galw am Tom Hughes a Wil am 6 o'r gloch. Lawr i Gapel y Goppa yn y car. Gwneud record newydd 4 cân. Yno hyd 8pm. Cartref a Tom a Wil. Galw yn siop Eunice. Lan a chips a rissoles a Fish i'r cottage. Diwrnod o law. Gwely 10.45pm

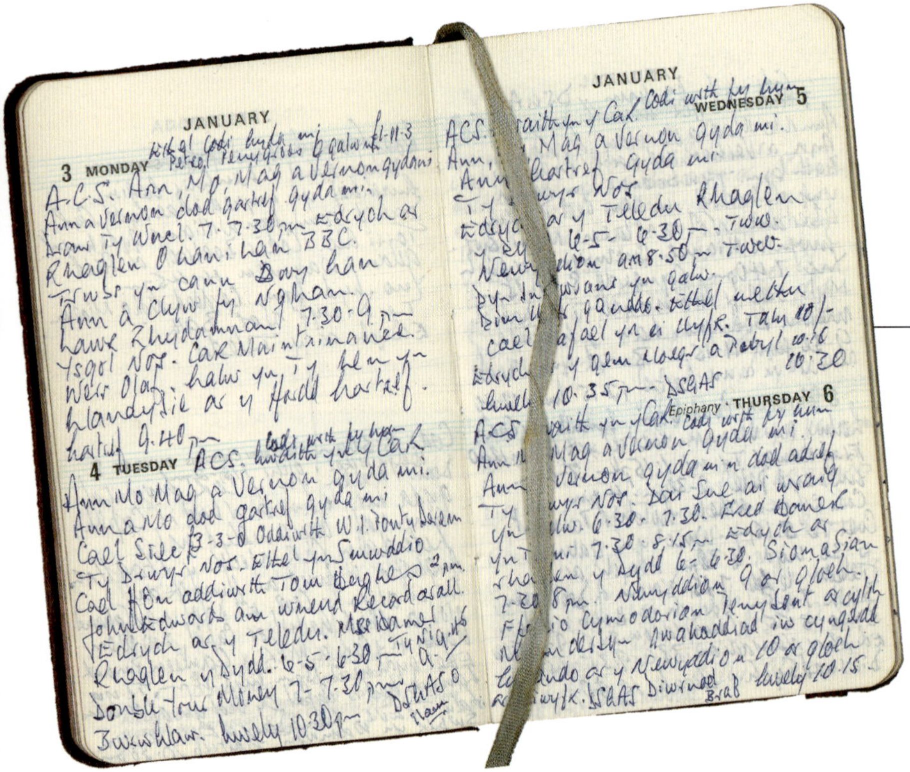

Dros y blynyddoedd gwerthodd recordiau Jac a Wil yn dda ac yn gyson – fel mae adrodddiadau cwmni Teldisc yn profi.

> Roedd Jac wrth ei fodd yn derbyn disg aur arbennig Sain gan hen ffrind ac arwr iddo, sef Dafydd Iwan, a hynny ym mharti pen-blwydd Sain yn 30 oed yn 1999.

1999 Nodiadau'r wythnos:

Hydref 6: Parti'r Eithin, Pontiets

Hydref 8: Parti'r Eithin, Clwb Rygbi Cefneithin

Hydref 9: Parti Sain, Gwesty'r Celt, Caernarfon

Hydref 9: Cymru a Siapan, Cwpan y Byd

Hydref 9: Gwynhaf a Mair Wyn yn cyrraedd 10.50 yb. Cychwyn am Gaernarfon llyb. Seibiant yn Aberaeron. Cyrraedd Caernarfon 3yp. Edrych ar HTV, ail hanner Cymru a Siapan ac yna Lloegr a Seland Newydd. 6.40 yh lawr i Barti Penblwydd Sain, cael bwyd yno. Cael Disc Aur gan Dafydd Iwan ar ran Sain am lwyddiant ysgubol recordiau Jac a Wil. Ymadael â'r parti 00.45

Hydref 10: Codi 7.15yb. Cael cawod, galw gyda Gwynhaf a Mair 8.30 a lawr i frecwast. Ymadael am gartref llyb. Gwynhaf yn gyrru yn ddi-stop hyd fy nghartref. Cyrraedd 2.30yp. Gwynhaf a Mair yn ymadael 2.45yp. Myned i'r capel yn yr hwyr. Gwynhaf yn ffonio 4.40. Ffonio Eve 7yh. Edrych ar S4C 9-9.50. Diwrnod glawog. Cynnau tân 3yp.

Fe fyddai teulu Waunwen yn dal i gael gwahoddiadau i berfformio yn ystod llwyddiant ysgubol Jac a Wil. Dyma nhw, y tu fas i stiwdio TWW, Pontcanna, yn 1964 ar gyfer recordio eitemau i raglen Myfanwy Howell, Amser Te. 'Ethon ni gyd lan mewn tacsi mawr o Gross Hands gyda gŵr o'r enw Dan Pib!'

Adroddiad lleol
am yr achlysur!

Ymweliad â HTV Pontcanna Caerdydd chwarhych yn y 60au !! 13.04.60

CÔR AELWYD WAUNWEN

MI WELAIS WRTH DDARLLEN Y PAPUR
UN HANES DYMUNOL DROS BEN;
CANMOLIAETH GAN RYWUN O'R BRODYR
AM GANU "CÔR AELWYD WAUNWEN."

Y MERCHED I GYD FEL EOSIAID,
A'R BECHGYN MOR SWYNOL A'R "LARK";
A RHODDAF AM FAGU'R FFYDDLONIAID
GANMOLIAETH I CATHERINE A MARK.

'RWYF FINNAU'N RHOI LLONGYFARCHIADAU
I'R CÔR A'R AELODAU BOB PEN;
DYMUNAF Y NEFOEDD A'I GWENAU
I HAPUS CÔR AELWYD WAUNWEN.

Pennod 7

Teithio

Rhwng 1958 a 1976 perfformiodd Jac a Wil yn ddi-dor ar hyd a lled Cymru – yn ddiddorol iawn, mwy yn y gogledd na'r de.

Mae llyfr nodiadau Jac yn dangos ambell wythnos anhygoel o brysur – ym mis Chwefror 1959 roedd perfformiadau yng Nghastell-nedd, Capel Isaac, Bryn Iwan, Aberystwyth, Rhosllanerchrugog, Llangyndeyrn a Coventry. O bentre bach Rhoshirwaun ym Mhen Llŷn, i stiwdios Granada ym Manceinion, roedd bod ar y ffordd yn fater o raid.

Daeth gwahoddiad arall i berfformio yn Neuadd Albert, hefyd, ym mis Mawrth 1964.

Hyd yn oed yn yr wyth degau roedd y gwahoddiadau'n dal i ddod, a'r recordiau'n dal i werthu.

Ond daeth dyddiau trist hefyd i ran Jac. Ar 17 o Fai, 1986, bu farw ei wraig annwyl, Ethel.

Weithie bydden ni'n ffindo'n hunen mas o boced – wel, yn amal, a gweud y gwir! Falle bydden ni'n ca'l pum punt – rhyngddon ni – i dalu am ein coste! Wy'n credu taw deg punt geson ni am fynd lan i Lunden. I weud y gwir, bydde Wil ar 'i golled yn ariannol, achos y pryd 'ny och chi'n gallu gwitho'r Sadwrn a'r Sul os och chi'n dymuno, ond gan 'yn bod ni'n mynd i'r gogledd mor amal odd Wil yn colli'i gyfle i neud y tyrn ecstra 'ma. On i'n gwitho mewn swyddfa erbyn hyn, a'r penwythnose fynycha'n rhydd.

Wy'n cofio rheolwr y pwll glo yn gweud wrth Wil unweth, pan a'th e i ofyn am amser bant i ni'n dou fynd lan i recordo rhaglen, *'You've got to choose whether you work for the NCB or the BBC!'*

Ond on ni'n dou'n mwynhau – odd hwnna'n bwysig i ni.

Cofio canu a gwneud ffrindie da 'da cantorion fel Richard Rees, Richie Thomas a Wyn Bowen . . . odd e'n amser dedwydd iawn i ni'n dou. Yr unig dro y bydden ni'n ffraeo odd dros wleidyddiaeth – Wil dros Lafur, yr 'hen Lafur', a finne gyda Plaid Cymru!

Fe fydden ni'n ca'l llythyron yn 'yn gwahodd ni i berfformo, ac er ein bod ni yn brysur iawn ambell wythnos, ron ni'n gyndyn o droi neb lawr!

Ceson ni wahoddiad i ganu yn Llunden – odd Syr David James 'di ca'l 'i neud yn farchog, ac odd Cymry Llunden yn rhoi cino iddo fe i ddathlu'r achlysur, yn Claridges Hotel. On i'n deall fod Mr James yn filiwnydd, ac on i'n gweud wrth 'yn hunan – wel, 'na i gwrdd â miliwnydd hyd yn oed os na fydda i'n un 'yn hunan!

'Ma ni'n mynd lan a sefyll 'da'n wha'r, odd yn byw yn Llunden. Wel, dyma Rolls Royce yn cyrraedd i fynd â ni i'r cino, ac wrth gyrraedd Claridges, 'ma nhw'n agor y dryse i ni, a dod a tynnu'n cotie mowr ni bant, a wedyn brwsho ni lawr – a wedes i wrth Wil, 'Ody'r rhain yn gwbod taw dou golier 'yn ni?' Wy ddim yn gwbod os on nhw'n erfyn rhyw dip mawr! Ond nethon ni fwynhau'r profiad o gwrdd a chymysgu gyda'r bobol hyn yn fawr iawn.

Wrth i ni ishte lawr i ga'l y pryd o fwyd, dyma Wil a fi'n sylwi ar y ford o'n bla'n ni – odd fwy o gyllyll a ffyrcs a llwye on bla'n ni nag on

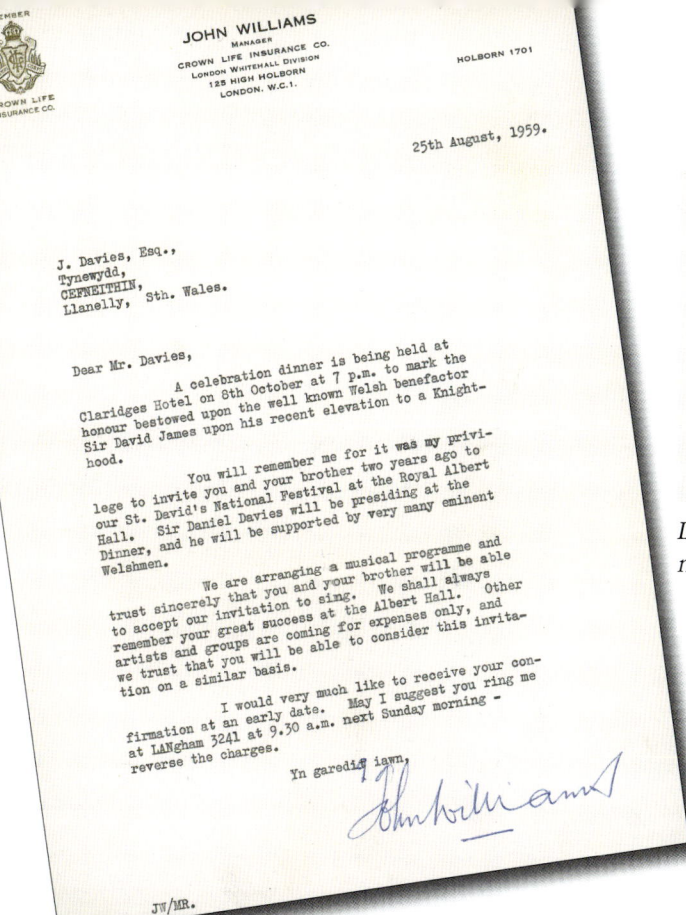

Llofnod Trevor Anthony ar gefn rhaglen y noson – 'Cofion gorau Frodyr'

Gwahoddiad i Claridges, Llundain

ni eriod wedi ca'l o'r bla'n, a dyma fi'n gweud wrth Wil, 'Watsha beth ma' nhw'n neud a newn ni ddilyn nhw.' A'th hi'n olreit, wedyn! Yn dilyn y swper 'ma ni'n ca'l gwahoddiad nôl i dŷ Syr David James . . . a 'ma ni'n mynd, gyda Cyril a Trevor Anthony a'r crach i gyd! Nethon ni ganu sbo'r orie mân, rhyw bedwar y bore, wedyn, a'n wha'r ni'n becso trwy'r amser ble'r on ni!

Un tro wy'n cofio cytuno i fynd i ganu yn Eglwyswrw. Odd car 'da fi erbyn 'ny. Wel, odd Wil yn gwitho rhan amser 'da'r brigâd dân, a 'ma ni'n galw hibo'r orsaf i hôl e, ond dodd dim sôn amdano . . . ac ar ben 'ny, wedi i fi ffono'r pencadlys yn Llanelli, nethon nhw wrthod gweud wrtho i ble odd e! Wel, erbyn diwedd, ffindon ni 'i fod e'n ymladd tân ar ben mynydd uwchben Cydweli, felly draw â ni, a dillad gore Wil 'da ni yn y car . . . ond dyma'r prif swyddog yn gwrthod 'i ryddhau e, a'r canlyniad odd i ni ffaelu â mynd i'r noson.

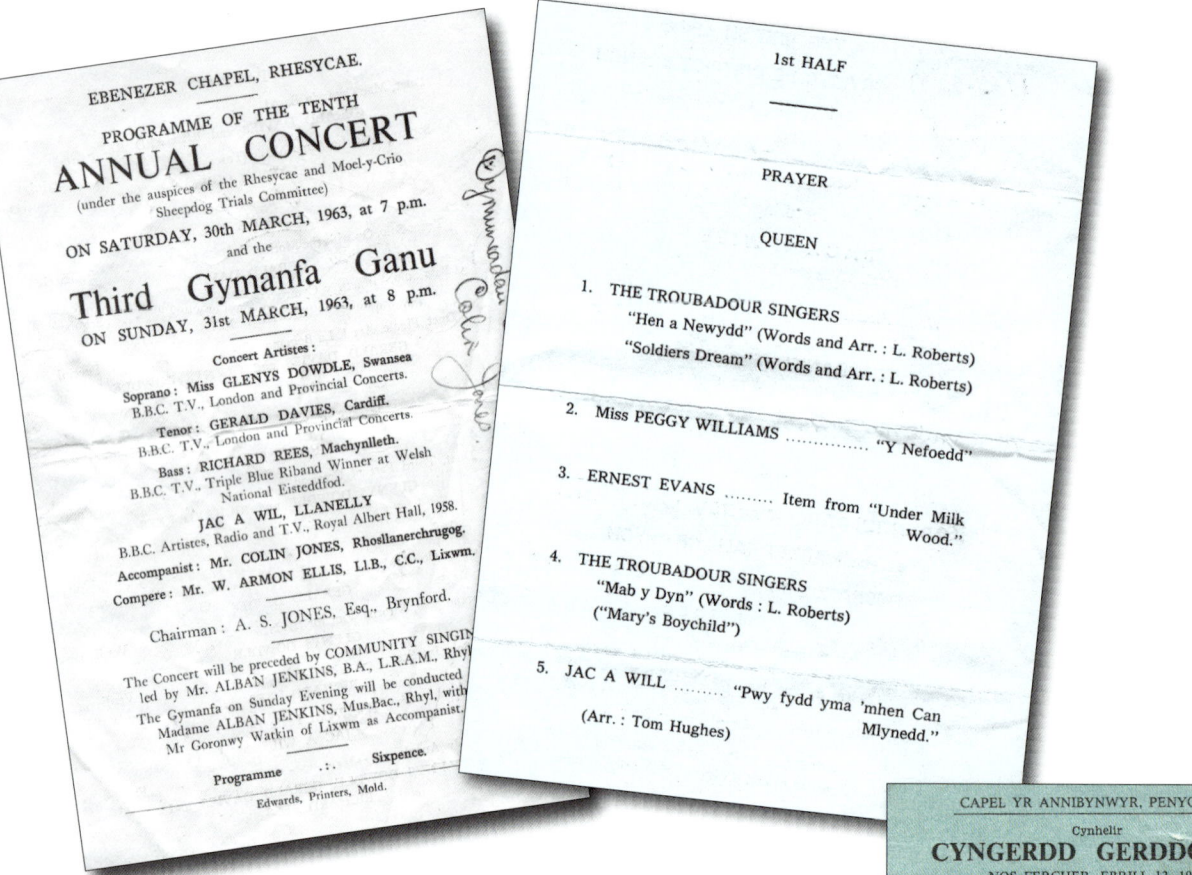

Wel, ymhen amser, 'ma lythyr yn dod wrth weinidog y capel yn Eglwyswrw i weud bod bardd lleol wedi sgrifennu amdanon ni'n dou – ei fod e'n arferiad 'da Jac a Wil i bido troi lan i gyngherdde, a'n bod ni, y noson arbennig honno, mewn rhyw dafarn yn meddwi!

Nawrte, on ni wedi bod mewn sawl parti ar hyd yr amser, ble odd rhai o'r bois yn joio drinc fach – ond ddim ni. Wel, dyma wahoddiad arall yn dod i ganu yn yr un lle, a fel odd hi'n digwydd bod, fi odd yn cyflwyno'r noson. Es i mla'n i sôn am y llythyr, a'r 'gerdd' 'ma amdanon ni. Wel, bu tawelwch! Ond wy'n gwbod yn iawn taw'r gweinidog 'i hunan odd y tu ôl i bopeth. Odd pobol yn genfigennus ohonon ni, ch'wel.

Enghraifft o brysurdeb y ddau frawd

Ôl gwaith Tom Hughes gyda'r brodyr

Odd Wil yn pallu canu hyd yn oed pennill o un gân ar ben 'i hunan, er y bydde Tom Hughes wedi trefnu rhan yn arbennig iddo fe. Gwrthod bydde Wil, bob tro. On i'n arfer gweud wrth y gynulleidfa taw fi odd y siaradwr gore, ond Wil odd â'r llais gore!

Fi odd yn gorfod cyhoeddi popeth . . . odd Wil yn fachan nerfus iawn . . . a bob tro on ni'n canu rhywle am y tro cynta, on i'n arfer gweud, 'Wil yw hwn, a fi yw Jac!'

Ma' hwnna'n atgoffa fi o'r tro 'na ar faes yr Eisteddfod, rywle, flynyddoedd ar ôl i Wil, druan, 'yn gadel ni . . . a 'ma'r fenyw 'ma'n dod ato i a gweud, 'Jac a Wil! Nawrte, gwedwch wrtho i p'un o chi'ch dou sy wedi marw?' A 'ma fi'n ateb, 'Wel, nace fi!'

Odd rhaid i ni wrthod tipyn o'r gwahoddiadau hyn. Odd Wil yn ffaelu ca'l amser bant bob tro, ac odd hi'n galed arna i hefyd. Fe fydden ni'n cyrraedd nôl withe am dri y bore, a cwnnu wedyn am bump i fynd i'r lofa! Odd hi'n galed iawn gyda chyn lleied o gwsg.

Odd llawer o'r gwahoddiadau'n dod o gapeli, a bydden ni'n perfformo am goste yn unig – on ni ddim yn neud e o safbwynt arian – on ni'n mynd, yn fynych iawn, ar ein colled – llafur cariad odd e.

TV Weekly, March 11, 1963

BYDD PONTCANNA YN LLUNDAIN 'CW

★ *Jac a Wil — dau sy'n boblogaidd bob amser gyda gwylwyr TWW.*

13.04.66	Côr yr Aelwyd - Capel y Sgwâr Penygroes. Canu 3 cân - Majesty, Nefol Gôr; Pwy sydd ar dir Yr Arglwydd. Jac a Wil ac eraill yn canu. Cyngerdd 7 - 9.45pm. Capel yn orlawn. Swper ar ôl y cyngerdd
6.6.66	Codi 7.15am. Ethel gyda mi. Cychwyn i Gaerdydd 8.30am. Galw am Minnie, Wil a Lena. Cyrraedd Caerdydd 10am. Ethel, Minnie a Lena yn myned i siopa tra roedd Wil a minnau yn y Stiwdio (TWW) Ymadael â'r stiwdio 4.15pm. Cwrdd â'r gwragedd 4.30pm. Ymadael Caerdydd 5.45pm. Nôl trwy Clydach; Mynydd Betws Rhydaman. Gartref 7.30pm. Bwrw glaw. Wncl a Fred yn galw. Gwely 10pm
31.7.66	Codi 9.15am. Gwneud y tân a'r lludw. Allan i Waunwen 10.30am. Galw yn tŷ Evelyn. Gartref 11am. Cinio cynnar 11.30 - 12.15. Cychwyn i Drelawnyd ger Rhyl 12.15. Lan i'r Tymbl i mofyn Will a Lena. Galw yn tŷ Evelyn. Davy yn dod gyda ni. Galw yn Nolgellau am fwyd 3.30 hyd 4. Cyrraedd Trelawnyd 6.30pm. Ymarfer yn y Neuadd Goffa. Cyngerdd o 8pm tan 10.15pm. Swper yn y Neuadd. Cychwyn adref 11.30pm. Cyrraedd adref o Drelawnyd 4.50am. Gwely 5am. Codi 7.45am

Megan Watkins

Un o'r miloedd a gafodd y pleser a'r mwynhad o brofi undod arbennig y ddau lais oedd merch ifanc o Fancyfelin ger Caerfyrddin – Megan Watkins. Dyma un atgof ganddi hi.

" Noson i godi arian i'r Red Cross odd hi. Odd lot o ddishgwl mla'n 'di bod yn yr ardal, a on ni'n gwbod y bydden nhw'n tynnu crowd da. 'Na beth roion nhw ar y posteri – bod y ddou o nhw wedi canu yn yr Albert Hall.

Wel, odd y neuadd yn llawn – *chock-a-block,* a dweud y gwir!

Odd y gynulleidfa'n moyn nhw nôl trwy'r amser . . . on nhw mor dda . . . on nhw'n grug erbyn y diwedd, pŵr dabs! On nhw 'di dod mas am *encores* shwd gyment o withe – odd 'u gyddfe nhw 'di mynd!!

'Y mrawd i yw Gwynfor, o'r ddeuawd Vernon a Gwynfor – a fi'n cofio nhw'n gweud pryd dechreuon nhw, 'Os newn ni gystal â Jac a Wil, byddwn ni'n ddou hapus iawn!' "

Withe odd hi'n anodd i ni ga'l cyfeilydd, a bydde'n rhaid i ni ddibynnu ar rywun llcol i'n helpu ni. Un tro, odd cyfeilydd dierth 'da ni, a 'ma ddechre cân mewn ffordd wahanol – a 'ma Wil yn gweud wrtho i, 'Gwed wrtho fe nawr, i whare'r gân fel mae'i fod!' Fynycha on ni'n dechre'n caneuon gyda'r piano'n whare llinell ola'r dôn – ond odd ambell un yn whare popeth ond y llinell ola! Wel, 'se chi'n meddwl y bydde Wil yn fodlon dechre yn rhywle – ond dim o gwbwl! A bydde fe'n gweud wrtho i, 'Gwed wrtho fe 'to, Jac!'

Odd ambell i gyfeilydd yn styfnig. Wy'n cofio un cyngerdd yn arbennig iawn. On ni'n mynd i ganu 'Yr Arw Groes', a dyma fi'n rhoi'r copi ar y piano o fla'n y cyfeilydd. Ond dyma'r cyfeilydd yn whare cerddoriaeth 'O Dwed wrth Mam'! Etho i draw ato fe a gweud wrtho bo ni'n moyn canu 'Yr Arw Groes' – a darganfod 'i fod e'n ffaelu darllen cerddoriaeth a taw dim ond 'O Dwed wrth Mam' y galle fe whare! Odd rhaid i ni gael rhywun o'r gynulleidfa i whare i ni!

'Se chi'n cynnal cyngerdd mewn capel, wel, odd y gynulleidfa'n ymateb yr un peth ym mhob man – ond odd neuadde'n wahanol. Odd y derbyniad yn well yn y gogledd na'r de – falle achos bo nhw'n gwerthfawrogi'r ymdrech on ni'n neud i fynd lan atyn nhw.

Y CYMRO, CHWEFROR 7, 1978

Yn y capel y defnyddiem ein donie — mewn steddfod gapel ôdd yr unig dro i Wil a finne gystadlu

Er rhwyddineb eu llwyfanu a naturioldeb eu canu nid cwbl ddamweiniol oedd llwyddiant Jac a Wil yn dilyn yr achlysur hwnnw o ganu byrfyfyr yng Ngwesty Cennen o flaen ciniawyr o Gymry Abertawe — roedd oes o brofiad a hyfforddiant y tu ôl i'r ddau.

"Odd dysgu canu yn cael lle amlwg ar yr aelwyd yn Waunwen. On ni'n whech brawd a tair whâr a bydde rhaid i ni gyd yn ein tro sefyll o flaen y 'modulator' ar ben y stâr", meddai Jac.

"Odd pawb yn gorfod panso dysgu'r solffa yn drwyadl gyda 'nhad. Odd e'n ddisgyblwr llym ac yn un parod iawn â'i dafod waeth pwy fydde yn y cwmni.

"Dwi'n cofio'r gweinidog yn dod draw i'r tyddyn i roi help llaw y cynhaea gwair ac yn cydio mewn rhaca braidd yn ddi-glem. Cyn pen dim ôdd dannedd y rhaca'n yfflon, a nhad, wedi sylwi ar hyn yn ei chymryd oddi wrth y gweinidog ac yn ei dweud hi wrtho am beidio byth defnyddio twls nad ôdd e'n gyfarwydd â nhw!

"Wrth gwrs, yn y capel y defnyddiem ein donie, yng nghyfarfodydd yr Ysgol Sul a'r cymanfaoedd canu ac yn y blân. Dwi'n credu mai mewn steddfod gapel ôdd yr unig dro i Wil a finne gystadlu eriôd — a dyna'r unig dro i Wil ganu ar ei ben ei hun. Fe wobrwywyd y ddou ohonon ni. Odd Wil yn canu 'Yr Aderyn Pur' ond ni fentrodd ganu'r un llinell ar ei ben ei hun ers hynny. Canu yng nghysgod i wnaeth e eriôd!"

Fel y gellid disgwyl roedd cyfraniad teulu mor fawr yn aruthrol i gyrddau Capel Tabernacl, Cefneithin. Medrent gynnal eu cyfarfod eu hunain a gwnelent yn aml. Pan fyddent yn canu yn y capel fel teulu, 'Côr yr Aelwyd' y gelwid hwy. "Dwi'n cofio 'Côr yr Aelwyd' yn cynnal cyngerdd cyfan yng Nghapel Sgwâr, Pen-ygroes, a buom yn gwneud eitem ar raglen deledu Myfanwy Howell, 'Amser Te', slawer dydd. Odd nhad dros ei 80 oed yn perfformio fel ebol blwydd o flân y camera teledu!"

TRYCHINEB GLOFA

Yng Nghefneithin, Cross Hands a Tymbl y 30'au a'r 40'au doedd dim prinder cyfle i'r sawl a fedrai berfformio ar lwyfan. Roedd côr neu barti o ryw fath ym mhob capel a phentref. Roedd galw am ddoniau Dafisiaid Waunwen.

"Dwi'n cofio pedwar ohonom ni frodyr a nhad yn canu mewn côr bach a ffurfiwyd yn Cross Hands i gynnal cyngherdde i godi arian adeg trychineb glofa Gresford, Wrecsam.

"Odd Wil a finne wedyn yn canu mewn parti o saith o'r enw 'Troubadours'. On i'n mynd i bob-man ac yn gwneud sgetsus, dweud storie a pob math o bethe. Dwi'n cofio un cyfnod bishi o 18 o berfformiade mewn 21 noson ar ôl yna ennill cystadleuaeth talent Cymru gyfan yn Llanelli. Cawsom gynnig whêch mis o waith a sicrwydd y bydde'n gwaith yn ein dishgwl pan ddelen ni nôl, ond na, gwrthod wnaethon ni. Odd gwahoddiade wedi dod i fynd i ganu sha'r Rhondda ar Nosweithie Sul a doedd hynny ddim yn apelio".

Ond fel 'Jac a Wil' doedd dim gwerthwynebiad i ganu ar Nosweithiau Sul oherwydd gwahoddiadau i ganu mewn cyfarfodydd cysegredig fyddent gan amlaf. 'Calon Lân', 'Cyfrif y Bendithion', 'Draw, draw yn China' a 'Pwy fydd yma ...?' ar dôn 'O fy Iesu Bendigedig' fyddai'r arlwy.

CERDDOR PENIGAMP

Ond beth oedd apêl y ffefrynnau yma? Beth oedd cyfrinach cyflwyniad Jac a Wil o'r emynau adnabyddus?

Yr ateb medd Wil yw Tom Hughes, nai y John Hughes a ddanfonwyd i Awstralia oherwydd ei ran yng ngwrthryfel Rebecca.

"Odd Tom yn gerddor penigamp a fedrai drefnu alawon i siwtio lleisiau. Fe, gyda'i groten Ann ar y piano, a fydde'n trefnu'r emynau ar gyfer Jac a finne. Tra fydde Jac yn canu'r alaw fe fydde fe'n trefnu fan soprano neu alto i finne i ganu mewn harmoni.

"Pan fydde John Edwards yn trefnu sesiwn recordio bydde rhaid ymarfer trefnianne newydd yng nghlyw Tom cyn mynd lan at Charles Clements yn Aberystwyth i recordio yn sŵn ei organ.

"Yn rhyfedd iawn, y Dydd Iou y bu John farw ôdd sesiwn recordio i fod ar y Dydd Sadwrn".

Doedd dim trafferth pennu amser i ymarfer. Byddai Jac yn cerdded i'w waith ar draws y comin ar dywydd teg ac yn treulio'r hanner awr yn canu iddo'i hun a'r adar. Roedd digon o gyfle gan Wil i ganu ar y ffas.

"Bydde canu'n ego drwy bwll y Tymbl yn yr amser hynny. Odd pawb yn canu a bydde'n ddim i glywed morio canu 'O Fryniau Caersalem ceir gweled' yng nghanol y tywyllwch. Y ffordd ore o gyrraedd y ffâs fydde dilyn y canu. Odd hi fel steddfod bron ar adege gyda canu mowr yn dod o'r tu ôl i'r drws bradish (drws troi'r aer). Odd hiwmor y colier ar ei ore.

"Dwi'n cofio un shifft pan ôdd pawb wedi penderfynu gweithio'n araf oherwydd anghydfod. Penderfynu canu wedyn i ladd amser – môr o leisie'n canu 'Ma' Popeth yn Dda' a dim strôc o waith yn mynd mlân!"

Treuliodd Wil 48 mlynedd o dan ddaear a'i flynyddoedd olaf yng nglofa Cynheidre. Digwyddiad yno ar Ebrill 6, 1971, ddaeth â'i yrfa ar y ffâs i ben. Cofia'r diwrnod fel tase hi'n ddoe.

"Torrodd nwy mâs ac ôn i'n anymwybodol glatsh. Lladdwyd whêch o'r bois gan gynnwys fy mhartner – ôn i'n un o'r rhai lwcus. Ers hynny smo fi wedi bod lawr dan ddaear ac ma'r effeithie a'r pneumo. wedi rhoi taw ar y canu hefyd".

PERFFORMIAD OLAF

Ni fu'r ddau yn brin o wahoddiade i fynd i ganu dros y blynyddoedd diwethaf a bu cryn bersdwadio arnynt i recordio eto.

Ond 'na' yw'r ateb bob tro. "Fe fuon ni'n canu yng nghyrdde dathlu canmlwyddiant y Tabernacl y llynedd, wrth gwrs, ac ar un achlysur lan yn Sir Fôn fel cymwynas i gyfaill o'r pentre – a hwnnw ôdd ein perfformiad cyhoeddus olaf un yn bendant".

Deil Jac i ganu a hynny nid yn unig o sêt fawr y Tabernacl ond ar lwyfannau cyngherddau fel aelod ffyddlon ac is – gadeirydd Côr Meibion y Mynydd Mawr. Prin y cyll yr ymarfer gan fod angen paratoi ar gyfer cyngerdd yn rhywle beunydd.

Prin y cyll Wil yntau yr un wythnos na fydd wedi ymweld â'i chwaer yn yr hen gartref yn Waunwen. Wrth ymyl y bwthyn mae cae rygbi Cefneithin, a'i enw wrth gwrs, yw Cae Waunwen.

Yno y bu enwogion eraill y pentref yn ymarfer eu doniau; Ken Jones yn dysgu ochrgamu'n gelfydd; Barry John yn dysgu cicio'n gywrain a gwau fel cysgod drwy amddiffynfeydd; a Carwyn James yn ymarfer y symudiadau a'i wnaeth yn hyfforddwr craff a chynllunydd buddugoliaethau ar Barc y Strade a chaeau Seland Newydd.

Trannoeth buddugoliaethau'r Sadwrn, ymuno â Jac Waunwen yn sêt fawr y Tabernacl a wnai Carwyn y ddau'n edmygu doniau ei gilydd wrth gyd-addoli'r un Duw.

Hefin Wyn

Odd Humber Hawke 'da ffrind i ni, Alun Treharne – car mowr odd e – a fe odd yn mynd â ni o gwmpas y lle. Odd e'n yrrwr da, heblaw am yr amsere bydde fe'n neud naw deg milltir yr awr! On i wrth 'y modd, ond odd Wil, druan, ddim mor hapus yn y sêt gefen! Druan o Alun – cas e 'i ladd mewn damwain yn Nantycaws.

Withe bydde Alun yn dod â'i acordion 'da fe, a rhoi ambell i gân yn y noson.

Odd y gwragedd yn dod 'da ni os on ni'n perfformo yn y gogledd, ac odd mam Alun yn dod 'da ni hefyd – dechre yn y bore, a bydde hi wedi coginio ffowlyn bach i ni gyd. On ni'n ca'l gwledd ar y ffordd lan, a wedyn, ar y ffordd nôl, tua dou neu dri y bore, falle bydden ni'n aros wrth ochor yr hewl yn rhywle a byta'r bwyd odd ar ôl!

Ambell waith bydde hen wraig neu hen ŵr yn ffili dod i'r cyngerdd – methu mynd mas o'r tŷ – a bydde cais yn dod i ni fynd i'r aelwyd i ganu. Odd hynny'n rhoi lot o bleser i ni.

Fe fuodd 'na droeon pan geson ni wahoddiad gan deulu i fynd i ganu i rywun odd ar 'i wely ange – a phwy alle wrthod? 'Na ble bydden ni, ar waelod stâr y tŷ, a'r teulu a'r claf yn gwrando arnon ni lan lofft.

Withe, os bydden ni'n ca'l cais i ganu mewn mwy nag un gyngerdd yn y gogledd dros benwythnos, bydden ni'n sefyll lan 'na, a chael croeso 'da'r teuluoedd yn yr ardal.

Cethon ni'n synnu 'da'r ymateb – yn y gogledd a'r de, ac on ni yn rhywle yn y gogledd byth a beunydd – mwy yn y gogledd na'r de, a gweud y gwir.

Och chi'n gweld rhai yn y gynulleidfa'n estyn am 'u nished unwaith y bydden ni'n canu ambell i gân, gan sychu'r dagre oddi ar 'u gwynebe! Odd hi'n rhyfeddol – odd hi bron â'n hala ni i dywallt deigryn hefyd.

Fe fydde hyn yn digwydd yn amal iawn wrth i ni ganu 'O Dwed wrth Mam' – honna odd 'yn ffefryn ni. Odd Mam fel angel fach i ni.

Ond on ni'n ymwybodol bod ishe plesio'r plant a fydde'n dod yn fynych i'n cynghardde ni. Pan na'th Jac Oliver, y barbwr enwog o Lanbed, hala geirie 'Anti Lisa' i ni, on ni'n falch o ga'l rhywbeth i'w difyrru nhw, a nace dim ond yr emyne. Odd y plant wrth 'u bodd gyda 'Anti Lisa', ac yn canu'r gytgan 'da ni!

On ni wedi meddwl y bydde ishe cefndir mwy cerddorol arnon ni er mwyn canu ar y llwyfan. Fel ma' pethe heddi, ma' cantorion yn dechre'n ifanc iawn, ond on ni'n dou ddim yn timlo 'yn bod ni 'di ca'l digon o hyfforddiant cerddorol. Ma' rhai heddi'n cyfansoddi caneuon 'u hunen, a ma' hwnna'n fantais fowr. Wel, dim ond ein lleisie odd 'da ni, gyment o beth ag o'en nhw – ond on ni'n asio'n dda fel dou frawd.

On ni ddim yn gerddorion mowr o gwbwl, a bydde Tom Hughes yn mynd dros ambell i drefniant am orie 'da ni.

Odd Wil yn gwrthod canu unrhywbeth ar ben 'i hunan. Falle bydde Tom Hughes wedi trefnu pennill iddo fe ganu ar ben 'i hunan – un o ni'n canu'r pennill, a'r llall yn dod mewn yn y gytgan – a 'ma fi'n gweud wrth Wil, "Ma gyfle i ti nawr' – ond dim! Gane fe ddim byd ar ben 'i hunan – er taw fe odd â'r llais gore!

Erbyn y diwedd odd Wil â llwch yr ysgyfaint arno fe, a'r doctor wedi gweud wrtho fe am bwyllo. Ond on ni'n ffindo hi'n anodd gwrthod gwahoddiad i gapel a fydde'n dathlu canmlwyddiant – wel, on nhw ishe i ni ganu 'Pwy fydd yma 'mhen can mlynedd?' on'd on nhw! Buon ni yn ein capel ni'n hunen, Tabernacl, Cefneithin, yn dathlu hynny yn 1976.

Dafydd Iwan

Fe wnaeth un cyngerdd, yn Neuadd y Pentref, Llanuwchllyn, ar yr 22ain o Dachwedd, 1958, argraff fawr iawn ar un bachgen pymtheg mlwydd oed yn arbennig.

" Wel, on i'n byw yn Llanuwchllyn yn y pum degau ac roedd Llanuwchllyn yn bentre oedd yn gallu difyrru 'i hunan i raddau helaeth iawn – wythnos o ddramâu a chyngherdde, a'r aelwyd, ac roedd 'na steddfod, hefyd. Doedd 'na byth brinder pethau'n digwydd yn y maes diwylliannol ac adloniant – Côr Godre'r Aran ac yn y blaen. Ond bob hyn a hyn mi roedd 'na barti'n cael ei wahodd o'r tu allan ac roedd hwnna'n digwydd mor anaml, mi oedd e'n achlysur eitha mawr – hynny yw, roedd hi'n dipyn o fraint, rwy'n credu, i gael eich gwa'dd i Lanuwchllyn! A dw i'n cofio Parti Menlli'n dod; dw i'n cofio Parti Sgiffl Llandegai – sôn mawr am y chwyldroadwyr cerddorol 'ma'n dod hefo'u cist te! Parti Pont-rhyd-y-fen, wedyn, gydag Alwyn Samuel, yn dod lan i ganu. Ond y cyffro mwya dw i'n 'i gofio yn Llanuwchllyn oedd Jac a Wil yn dod. Doedd dim syniad gynnon ni beth oedd Jac a Wil; on ni ddim wedi'u clywed nhw'n canu, ac roedd lot o sôn ac edrych ymlaen at y 'Jac a Wil' 'ma!

Es i yno, i neuadd y pentre, ac roedd hi dan 'i sang! On i'n rhy hwyr i gael sêt, ac un bach on i – yn fyr, wrth gwrs, fel ydw i nawr – ac ron i'n gorfod sefyll ymhlith rhai talach na fi yn y cefn, ac felly ychydig iawn on i'n gallu 'i weld. Ond dyma'r ddau fachan yma'n dod ar y llwyfan ym mhen draw'r neuadd ac yn gwefreiddio'r dorf – drwy'r nos! Wel roedd 'na dipyn o drydan a sôn a siarad yn mynd drwy'r pentre am ddyddie wedyn, a'r ymateb yn rhywbeth fel, wel, nid mai nhw oedd y cantorion gorau yn y byd, ond jyst bod yna ryw wefr yn y sain roedd y ddau lais yma'n ei wneud gyda'i gilydd. Ac wrth gwrs, dyna oedd, ac yw, cyfrinach Jac a Wil ynte – dau frawd yn canu mewn harmoni, ond mewn cyd-ddealltwriaeth hefyd, a dau lais tenor yn deall 'i gilydd i'r dim ac yn cyd-symud ac yn canu'r hen ganeuon, yr hen ganeuon crefyddol a'r hen ganeuon Cymreig, gyda thipyn o sentiment, tipyn o deimlad a thipyn o grefydd, ynte?

Dw i'n meddwl bod 'na rywbeth cynhenid Gymreig a Chymraeg yng nghanu Jac a Wil – y cyfuniad yna o ganeuon gwerin ac emyne a'r sentiment. 'Dyn ni'r Cymry'n licio teimladrwydd. Nawr weithie ma' hwnna'n gallu mynd yn arwynebol ac yn ddi-ystyr, ond gyda Jac a Wil och chi'n teimlo eu bod nhw'n credu beth on nhw'n ganu. Roedd 'na rywbeth syml, diffuant yn digwydd rhwng y cantorion a'r gân a'r gwrandawr. "

Meic Stevens

Fe wnaeth sawl canwr arall berfformio mewn nosweithiau gyda Jac a Wil, ac roedd nifer o artistiaid yn edmygu eu doniau arbennig.

" On i'n dishgwl ar y gynulleidfa y tro cynta nes i ganu 'da nhw yn Pencader, a odd e mwy fel Nosweth Lawen; y rhan fwya o'r bobol yn hen, a llwyth o blant yn ishte ar feincie yn y ffrynt. Odd y cyngherdde yn llawer mwy cartrefol na beth 'yn ni'n neud nawr.

Odd Jac a Wil yn dod o deulu cerddorol a on nhw wedi bod yn canu miwn eisteddfode bach lleol, yr un peth â fi a pobol fel Tony ac Aloma. Cymreictod yw e. Dyna'r peth hudol, a ma' pobol jyst yn gweld e'n naturiol, ch'mbod; sdim byd mowr ambwti fe – a ma' pobol yn lico rhwbeth fel'na. Ond odd yr harmoni'n wych 'da nhw.

Odd yr ymateb gethon nhw y nosweth gynta 'na nes i gwrdd â nhw yn ffantastic. On i'n meddwl, 'Iesu Mawr! Beth yw hwn?', ch'mbod.

On nhw'n canu caneuon sentimental – on nhw wedi taro nodyn yr un peth â Hogia'r Wyddfa – caneuon â geirie odd pawb yn 'u deall, dim yn gymhleth, a lleisie da a harmonis da – a ma' hwnnw'n bwysig iawn i ysbryd y Cymry. A'r caneuon – wel ma' pawb yn 'u nabod nhw – 'O Dwed Wrth Mam', ch'mbod – ma' honna mor boblogedd â blydi 'Myfanwy', on'd yw hi! "

Idris Charles

" Mae enwau Jac a Wil yn rhan o hanes Cymru, bellach, hynny ydy, 'yn ni wedi trosglwyddo'r caneuon i bob oes, ac un o'r pethau mae Jac a Wil wedi neud yn fwy na dim byd – eu cyfraniad mwya – yw'r ffaith eu bod nhw wedi troi emynau yn ganeuon pop. Dw i ddim yn ddigon o gerddor i ddeud a oedden nhw'n gantorion da; dw i'm yn gwbod a fasen nhw'n ennill y Genedlaethol neu rywbeth felly, ond dw i yn gwbod 'u bod nhw'n canu caneuon oedd yn cyffwrdd â phobol. Mi oedd yna ryw garisma arbennig yn perthyn iddyn nhw, ac roedd y cyfnod roedden nhw'n canu ynddo – y pum degau a dechrau'r chwe degau, pan oedden nhw ar y brig, felly – yn gyfnod pan oedd y capeli a'r pregethwyr jyst abowt yn colli gafael ar 'u cynulleidfa; ond mi oedd Jac a Wil mewn nosweithiau llawen yn cael y negas drosodd – canu'r efengyl, dweud y gwirionedd heb sylweddoli 'u bod nhw'n efengylwyr, mewn ffordd. Wrth gwrs, mi fydden nhw 'u hunain yn dweud mai diddanwyr oedden nhw, ond yr oedd y canu'n dod o'r galon, yn dod o'r enaid ac mi oedd hynny'n cael dylanwad ar bobol.

Un o'r rhesymau pam roedd Jac a Wil yn gallu croesi ffiniau de a gogledd oedd oherwydd mai'r un yw iaith y llyfr emynau drwy'r wlad – yr un peth â'r Beibl – ac roedd pawb yn gwybod y geiriau. Rhywbeth ychwanegol, wedyn, oedd yr angerdd ysbrydol yn y ffordd yr oedden nhw'n cyflwyno'u caneuon.

Doedd teithio ddim yn hawdd y pryd hynny. Hynny yw, roedd hi'n dipyn o ymdrech i Jac a Wil deithio i lefydd fel Llanuwchlyn a Sir Fôn. Ond roedd y bobol yn teimlo bod y ddau wedi dod yr holl ffordd yn arbennig i ganu iddyn nhw, ac felly roedd pobol y gogledd yn mynwesu'r ddau yma o'r de. "

Garry Owen

" Roedd cyngerdd Jac a Wil yng nghapel Y Gopa yn noson FAWR, a phan ges i wahoddiad i fynd i ganu gyda nhw, ein teulu ni oedd y balchaf yn y pentre. Rwy'n cofio i'r tocynnau gael eu gosod yn amlwg iawn ar y silff-ben-tân, er mwyn i bawb wybod bod Garry yn cael rhannu llwyfan â neb llai na Jac a Wil!

Pan ddaeth noson y cyngerdd, fe ges i'r rhaglen gan un o'r bobol wrth y drws. Roedd cael rhaglen i gyngerdd yn y festri yn arwydd pendant bod ymddangosiad Jac a Wil yn sbeshal iawn, ac roedd y lle dan ei sang. Dyna hefyd oedd y tro cynta erioed i f'enw ymddangos mewn rhaglen cyngerdd – rwy'n cofio teimlo'n hynod bwysig ac, yn dawel bach, yn hynod sâl a nerfus!

Pan es i i'r festri fach gyda'r artstiaid eraill i aros fy nhro i fynd ar y llwyfan, doedd neb caredicach na sêr y noson, Jac a Wil. Roedd gair bach tawel o gyngor ac anogaeth gan y ddau yn ddigon i dawelu'r nerfau a setlo'r stwmog.

Atgof plentyn sy 'da fi am ddau ddyn hynod o ffeind a bonheddig yn helpu crwtyn ifanc i wynebu ei gyngerdd pwysig cynta, ac mae fy niolch yn fawr iddyn nhw am hynny. "

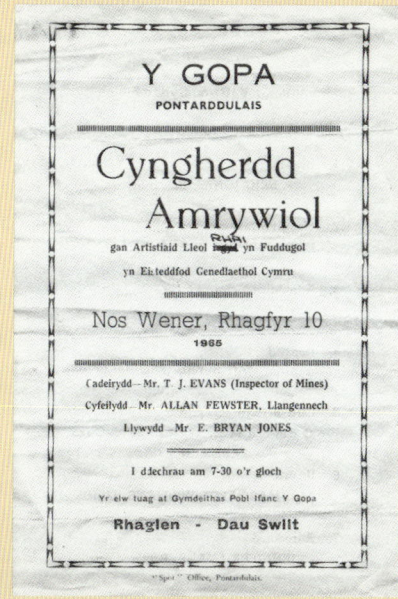

Ieuan Rhys

" Ma' nhw'n eiconau Cymreig – hyd yn oed gyda phobol ifanc, a hyd yn oed os nag 'yn nhw wedi clywed un o'u recordie nhw, ma' nhw'n dal i wbod amdanyn nhw.

Mae'n ddyletswydd arnon ni, a hefyd y bobol sydd â'r pŵer gyda'r cwmnïe recordie, i wneud yn siŵr bod pobol yn cofio amdanyn nhw.

Mae cwmnïe recordie yn Lloegr, ac ar draws y byd, yn dal i ryddhau recordie o Elvis Presley a Buddy Holly. Dim ond am ddwy flynedd buodd Buddy Holly'n canu cyn iddo fe gael ei ladd mewn damwain awyren – ond gofynnwch chi i unrhyw un yn y byd pwy yw e, a byddan nhw'n gwbod – achos bod y cwmnïe recordie tu ôl i'r artistiaid hyn, yn rhyddhau eu recordie'n gyson. Wna'th Elvis gyrraedd rhif un ddim mor hir yn ôl – a bu e farw yn 1977!

Ma' ishe i ni, fel Cymry, hefyd, gofio am Jac a Wil, a neud rhywbeth am y peth – er mwyn i bobol mewn hanner can mlynedd gofio amdanyn nhw. "

Geraint Jarman

" On i wastod yn meddwl bod 'na rywbeth arbennig am Jac a Wil . . . dw i ddim yn gwbod os mai eu harmoni odd e – y ffordd on nhw'n mynegi'r llinelle . . . a hefyd, odd rhyw fath o dristwch unigryw yn 'u lleisie nhw odd yn gweddu i'r caneuon on nhw'n 'u canu.

Fel ma' dyn yn meddwl am gantorion fel yr Everly Brothers, a'u harmonïe arbennig nhw – yn yr un ffordd, odd rhywbeth arbennig am leisie Jac a Wil – 'na beth odd wedi 'dal' pobol.

Odd dy dad yn lico Jac a Wil,
a dy fam yn whare bingo . . .

      o'r gân 'Merch Tŷ Cyngor' "

Fel y dywedodd Hefin Wyn mewn teyrnged yn *Y Cymro* yn 1978, 'Cydiodd Jac a Wil yng nghalonnau Cymry benbaladr.'

Does ryfedd fod y papur wedi cyhoeddi dwy erthygl swmpus yn olrhain eu hanes, gan ddechrau gyda phrysurdeb y '60au.

'Fe'u cofir am eu crysau gwyn fel yr eira, y dwylo ar lapeli eu siacedi wrth hanner wynebu ei gilydd, a'r modd y canai Wil (yr un bach) alto neu soprano yn erbyn alaw Jac – y lleisio a'r geirio yn uno i gyfleu melyster na fedrai'r un Cymro beidio ymateb iddo.'

'On ni bob amser yn canu o'r galon—emyne a charole y cawsom ein magu yn eu swn

Cydiodd Jac a Wil yng nghalonnau Cymru benbaladr ar ddechrau'r 60'au. Apeliai eu canu swynol o emynau, carolau a chaneuon teimladol at werin gyfan. Er iddynt dewi ers tro profodd rhyddhau recordiau hir o'u caneuon yn ddiweddar, fod eu gafael cyn dyned ag erioed.

Profodd eu naturioldeb a'u dull di-ffwdan o berfformio yn boblogaidd gan bawb, boed yn gynulleidfa ym mherfeddion Môn neu yn yr Albert Hall, Llundain.

Fe'u cofir am eu crysau gwyn fel yr eira, y dwylo ar lapeli eu siacedi wrth hanner wynebu ei gilydd, a'r modd y canai Wil (yr un bach) alto neu soprano yn erbyn alaw Jac — y lleisio a'r geirio yn uno i gyffwrdd melyster na fedrai'r un Cymro beidio ymateb iddo.

Fe'u cofir am eu 'Siani', 'O, Dwed wrth Mam', 'Pwy fydd yma 'mhen can mlynedd?' a lliu o rai eraill.

Bu Hefin Wyn heibio'r ddau yng Nghefneithin yn ddiweddar, ac mewn cyfres o ddwy erthygl cawn hanes eu gyrfa — sut y cychwynnodd y ddau ganu a hynt a helynt y dyddiau pan grwydrent yn gyson i gadw cyngherddau ym mhob cwr o Gymru a thu hwnt i Glawdd Offa.

Fe'u hadnabyddir fel Jac a Wil gan y genedl, ond i drigolion Cefneithin Jac a Wil Waunwen ydynt.

"Dw'n cofio Wil a finne yn mynd i mewn i'r Albert Hall, yn tynnu ein cotie a gosod ein cesis ar lawr ac yn cael gorchymyn yn syth i'w hail-wisgo a charie ein cesis mâs. Nid cael ein fowlu mâs cofiwch ond ein tywys mâs yn grôs yr hewl at Gymraes o blismones—odd rhaid tynnu ein llun yn holi'r ffordd i'r Albert Hall â'n cefne at yr adeilad. Dou Shoni bach o'r gweithe yn cyrraedd Llunden fowr nawr i ch'n gweld, yn dy fel"

"Dyna un o algofion niferus y ddau frawd Jac a Wil Davies o Gefneithin a fu'n swyno cynulleidfaoedd o filoedd o Gymry ar ddechrau'r 60'au gyda'u deuawdau canu.

Er iddynt roi'r gorau i'r cyngherddau cyson ers deng mlynedd ni pheidiasant â swyno oherwydd newydd ei rhyddhau mae trydedd record hir o'u caneuon gan Gwmni Sain. A 'rhyw hynny'n ddim ond fraean o'r 80 a mwy o ganeuon a recordiwyd ganddynt i gwmniau Teldisc a Qualiton yn anterth eu poblogrwydd. Mae cryn wrando ar ffefrynnau fel 'Pwy fydd yma 'mhen can mlynedd?' a 'Dwed wrth mam' o hyd.

HAP A DAMWAIN

Ond ar hap a damwain y cychwynnodd eu llwyddiant ysgubol fel deuawd. Dyma Wil yn adrodd yr hanes.

"Dâth Shoni Morris a tad Ronnie Williams heibio i'r dou ohonyn ni un noson a begian arnon ni fynd lan gyda nhw i Cennen Guest House i ddifyrru criw o Gymry..."

'Pan fydde taith bell...'

'Pan fydde taith bell odd rhaid gwneud owtin… odd hi'n hwyl fel trip Ysgol Sul

hen wraig na fedrai symud o'r gornel. Byddai gweld y boddhad ar eu hwynebau yng nghegin ffarm ddiarffordd yn gwneud yn...

FFWDAN MEWN CYNGERDD

Doedd pethau ddim heb eu ffwdan ymhob cyngerdd chwaith. "Weithie bydde artistiaid eraill heb droi lan a bydde Wil a finne fel yoyos lan a lawr o'r llwyfan am ryn awr a hanner i ddwy awr arall. Gorfod canu rhyw 18 i 25 o ganeuon mewn awr falle. Bryd arall byddai'r noson yn mynd mlân a mlân am rhyw dair awr a hanner a phawb yn blino a ninne â ffordd bell i fynd gatre i Cefen.

"Dw'n cofio wedyn — yn Neuadd Langynwr dw'n meddwl — Haelu cael pianydd. Ma' fi'n rhai copi o 'Arter Mam' i fachan a gytunodd gyfeilio ac yntau'n mynnu whare 'Dwed wrth Mam' trw'r amser. Fedre fe ddim darllen cerddoriaeth a dyna'r unig gân a wyddai. Credai' pwr dab mai honno'n unig a fwriadem ei chanu drw'r nos! Ond achubwyd y... pan wirfoddolodd... gynulleidfa...

wyr lleol yn gwneud camgymeriade ac yn dishgwl i ni ymddangos mewn dau gyngerdd ymhell oddi wrth ei gilydd yr un noson.

...mewn tafarn fach yn Nghwm Rygbi Cefneithin neu dafarn yng Ngherdd Gaeredin ar ddiwrnod gêm ryngwladol, chawsom ni erioed mo'u hagor ar ein cyfer ni'n dou".

Mewn gwesty yng Nghaeredin ar achlysur gem ryngwladol y daethant ar draws un o'u cyfeillion pennaf — bachan o Ddowlais yn chwarae piano.

Odd e'n ddyn capel ac yn gwbod fonau'r emynau i gyd ac i ganlyniad i'r cyfarfyddiad hwnnw buom yn cwnu gyda'n gilydd yn gyson dros y blynydde. Buodd y ddol ohonom ni yn ei anglada ac un o'r emyne ôdd 'Pwy fydd yma 'mhen can mlynedd?' Wrth gwrs, ôdd Wil a fi yn morio canu honno a phwy ôdd yn ishte yn y côr o'n blân ni ond Eddie Thomas. 'Dyw, there's lovely voices you've got boys', medde fe wrth droi rownd ar y diwedd! 'Na chi gyfeilgarwch arall sy wedi para".

YN LLUNDAIN

Ond un o achlysuron 'hyfeddaf yn hanes y ddau odd y noson honno yng Ngwesty Claridges, Llundain. Mae'u hail ymddanosiad... erdd...

...edifar ganddynt am...

"Canu oherwydd ein bod yn mwyhau canu a wnaem. On ni bob amser yn canu o'r galon — emyne a charole y cawsom ein magu yn eu swn a'u hystyr. Mae'r cyfeillgarwch a wnaethom gyda'r artistiaid eraill ac aelodau cynulleidfaoedd wedi para, a does dim cymhariaeth rhwng gwerth hynny a gwerth arian. Ma' cered y gwmpas ca'r Steddfod a chael cusan gan hon a'r tu paratoi bwyd i ni mewn rhyw festri arbennig a siglo llaw ag un arall bob rhyw bum llath wedi profi gwerth yr holl drafaelu".

YR WYTHNOS NESAF: bydd Jac Waunwen yn sôn am y 'modulator' a hongiai ar ben y grisiau yn yr hen gartref; yn sôn am ddisgyblaeth yr hyfforddwr a oedd yn nai i un o wrthryfelwyr Rebecca a anfonwyd i Awstralia; ac yn sôn am y cyfnod y bu'n canu 18 noson mâs o 21.

YR WYTHNOS NESAF: bydd Wil Waunwen yn sôn am yr unig dro yn ei fywyd y mentrodd ganu ar ei ben ei hun; ac yn dadlennu pam nad yw'r ddeuawd yn debyg o ganu'n gyhoeddus eto er iddynt wneud ddwywaith y llynedd.

HWYL Y TEITHIO

'Dwi'n cofio Wil a finne yn mynd i mewn i'r Albert Hall, yn tynnu ein cotie a gosod ein cesys ar lawr ac yn cael gorchymyn yn syth i'w hail-wisgo a chario ein cesys mas. Nid cael ein towlu mas, cofiwch, ond ein tywys mas yn gro's yr hewl at Gymraes o blismanes – odd rhaid tynnu ein llun yn holi'r ffordd i'r Albert Hall – â'n cefne at yr adeilad! Dou Shoni bach o'r gweithe yn cyrraedd Llunden fowr nawr i chi'n gweld, yn dy fe!

Chawson ni ddim damwain eriôd ar wahân i bwnsher wrth ddychwelyd o gyngerdd un tro. Odd dreifar arbennig gyda ni yn mynnu mynd â ni i bobman. Byddai Alun, druan, yn mynnu ein gyrru hyd yn oed os mai ychydig o filltiroedd i ffwrdd fyddai'r noson.

Odd e'n ddreifer cloi. Bydde rhaid tasgu bant i bob man – pasio ceir o drwch cot o baent a mynnu gwneud lle i basio os byddai'r tarmacadam yn brin ar yr hewlydd cul. Bydde'r sawl a eisteddai yn y gwt hyd yn oed, yn treulio pâr o sgidie'n weddol glou wrth freco gyda Alun!

Pan fydde taith bell 'da ni, odd rhaid gwneud owtin ohoni. Bydde'r gwragedd yn dod gyda ni a falle mam Alun wedi coginio ffowlyn yn arbennig i'w fwyta ar y ffordd. Odd hi'n hwyl fel trip Ysgol Sul. Ac yn amal, o weld Alun yn pendwmpian ar y ffordd nôl, bydde Wil a finne'n canu'n lawer fwy taer na wnaethem ar y llwyfan er mwyn ei gadw ar ddihun.

Agor ffenest wedyn a gwlychu ei wyneb rhag ein bod ni i gyd yn lando yn y gwter!

Odd hi'n rhyfedd y nifer o wahoddiade a gawson ni o Sir Fôn – dw i'n credu i ni fynd yno saith gwaith un gaeaf. Fe fydden ni'n cyrraedd rhyw neuadd wledig a dim golwg o dŷ na'r un ceiliog byw yn unman – tipyn gwahanol i'r pentrefi mowr yn ardal y glo caled ffor' hyn. On i'n teimlo y bydde cynulleidfa o saith yn un dda, ond jiawch, bydde llond y neuadd fach whap iawn, gyda bysys yn cyrraedd o bob man.

Wrth gwrs, bydde'r croeso bob amser yn fendigedig a'r bwyd ar ôl y Noson Lawen yn werth ei weld. Dyna sut y gwnaed ffrindie – ninne'n sôn am y Sowth wrth bobol y North wrth y byrdde bwyd, tynnu coese'n gilydd ac yna cytuno i barhau'r cyfeillgarwch ar faes y Steddfod.

Odd hi'n noson fythgofiadwy yn Claridges. Odd pawb yn gweini arnon ni – un yn tynnu'n cote, un arall yn eu cario ac un arall yn brwsho gwegil Wil a finne cyn mynd mewn i'r wledd. Odd Cymru amlwg Llundain i gyd yno a tua 40 o 'waiters' yn dod mewn rhwng pob cwrs, yn plethu rhwng y bordydd a chlirio'r cwbwl mewn wincad.

Cael ein cario wedyn mewn Rolls crand i dŷ Syr David James i ganu emyne gyda Trevor Anthony nes bod hi'n orie mân y bore. Odd hi'n agoriad llygad i weld shwt odd pobol erill yn byw ar ôl arfer â neuadde a festrïoedd cartrefol cefen gwlad. Odd hi'n ffordd ddiarth iawn i'r hyn odd dau golier o'r Cefen wedi arfer ym mwthyn Waunwen, lle magwyd naw o blant.

Tristwch ar yr aelwyd

Mae cofnod Jac yn ei ddyddiadur am y cyfnod anodd pan fu eu wraig annwyl, Ethel, yn wael, yn dyst i'r teyrngarwch a'r cariad a oedd yn sail cadarn i'w bywydau. Bu colli ei gymar yn ergyd galed i Jac.

1986

6.3.86 Geiriau cyntaf Eth i mi pan yn talu ymweliad â hi heno am 7.30pm (Ysbyty Treforys)

'Mi a ymdrechais ymdrech deg, mi a orffennais fy ngyrfa, mi a gedwais y ffydd, ond yn ofer, rwyf yn marw. Bydda i yn cwrdd â Mam a Nhad yn y Nefoedd gan obeithio mai yno y bydda i, ac nid yn uffern.'

17.5.86 Eth marw 7.30am. Gwynhaf, Mair Wyn a mi gyda hi pan fu farw.

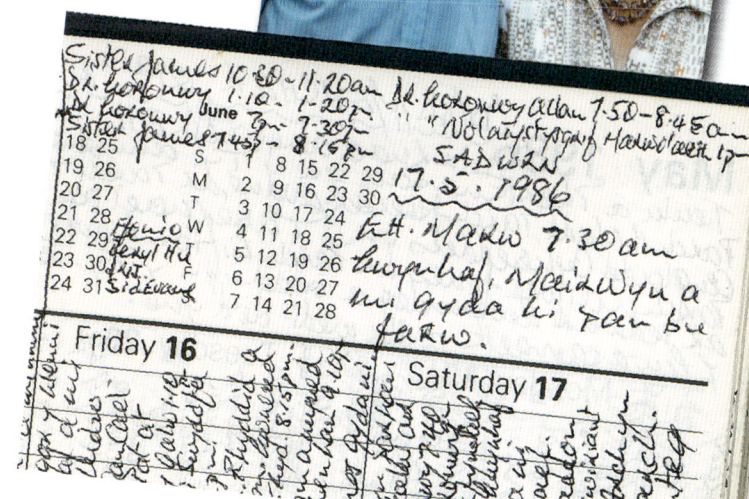

Y darllediad olaf – Noson Lawen, S4C, Medi 7, 1983

Pennod 8

Y Ddeuawd Olaf

Wrth i'r blynyddoedd fynd heibio, roedd yr amrywiol alwadau ar y ddau frawd yn dipyn o straen ar iechyd Wil. Roedd gweithio dan ddaear wedi gadael ei ôl arno a bu'n dioddef o lwch ar yr ysgyfaint. Serch hynny, roedd yn dal i gael mwynhad aruthrol o'r canu a gweld y gefnogaeth oedd i'w gael ym mhob cwr o Gymru. Mewn darllediad radio, meddai: 'Fyddwn i ddim yn dymuno dim byd yn well na chael y fraint o ganu a pherfformio yn y nosweithie hyn i gyd fel Jac a Wil.'

Cyngor y meddyg oedd i Wil bwyllo ac, yn wir, perfformiodd y ddeuawd ar y teledu am y tro olaf mewn rhifyn o Noson Lawen ym mis Medi, 1983. Ond roedd cyngherddau cofiadwy wedi hyn eto, ac fel mae'n digwydd, yn y gogledd y bu'r cyngerdd olaf i Jac a Wil ganu ynddo.

Fe gafodd Wil ei daro'n wael gyda gwaedlif ar yr ymennydd a bu farw dros nos ar 11 Medi, 1987. Fe'i claddwyd ym mynwent y Tymbl.

Roedd y ddau frawd wedi swyno'r genedl ers degawdau.

Darllediad olaf Jac a Wil

Dyddiadur 1983

7 Medi Eth yn cael noswaith ddigwsg. Fi'n codi 8.5am. Paratoi brecwast i Eth a mi. Eth codi 8.30am. Pat myned heibio 9.10am ar ei ffordd at Christine. Gwneud y tân. Lan a Eth at Christine 10am i gael ei gwallt wedi ei drin. Golchi ffenestri'r modur a'i lanhau tu fewn ar ôl dod nôl. Pat yn galw 10.15 am. Lan i hôl Eth 11 og. Gwynhaf a un o athrawon Llanharri'n galw yn tŷ ni 11.15 am. Ar eu ffordd lawr i Dresaith gyda phlant Ysgol Llanharri. Gwynhaf yn ymadael 11.30 am yn y Sierra. Y plant myned yn y bws. Eth a mi cael cinio 11.45 am. Gwneud y tân ar ôl cinio. Fi'n ymdrochi 1.15 og. Fi'n myned draw i hôl Margaret a Matilda i'n tŷ ni 2.25 pm. Wil cyrraedd tŷ ni 2.30 og. Pat, Mer, Lena ac Eve gydag ef. Eth, Eve, Margaret a Matilda yn dod yn y nghar i, Lena, Pat, Mer myned yng nghar Wil. Cychwyn o'n tŷ ni 2.35 og. Myned lawr i Drefdraeth. Cyrraedd yno 4.00. Gollwng Eth, Pat, Mer, Eve, Lena, Matilda lawr yno. Wil, Margaret a minnau yn myned i fferm Treriffith ger Trewyddel lle roeddwn yn ymarfer yno erbyn y Noson Lawen a gynhelir yn y sgubor. Yno hyd 5.45 pm. Nôl a mi i Dreftraeth i gwrdd â'r merched. Dod o hyd iddynt yng Ngwesty'r Llew Aur. Fi'n myned i roi tro am Phoebe fy nghyfnithder a'r teulu 6.10 pm. Doreen yno. Nol i'r gwesty 6.30 pm. Pawb ohonom yn myned i'r Noson Lawen. Wil a mi yn canu yno. Y noson yn cael ei recordio ar gyfer Rhaglenni S4C.
Noson Lawen cychwyn 8 og. Gorffen 10.30 og. Wil, Margaret a mi'n cael ein lluniau wedi eu tynnu ar ôl y cyngerdd. Cychwyn adref 11.15 pm. Galw yn Aberteifi am sglodion a physgod.
Cychwyn o Aberteifi 12.15. Gartref 1.30am. Diwrnod sych. Cymylog. Ysbeidiau heulog.

Hunodd Wil Davies Medi 11, 1987. Mae'r arwyddair ar glwyd y fynwent yn y Tymbl yn arbennig o addas

Côr Meibion Mynydd Mawr

Pennod 9

Dal i Ganu

Parhaodd bywyd Jac i fod yn llawn o gân o hyd, ac yn gyfoeth o brofiadau. Roedd yn ddyn a oedd wrth ei fodd gyda diwylliant ei fro a'i wlad — ond roedd hefyd yn hoff o deithio. A dweud y gwir, roedd ei basbort ar dân gydag ymweliadau cerddorol â Los Angeles, Toronto, Ffrainc ac Awstralia.

Fe fu'n aelod o Gôr Mynydd Mawr, Côr Meibion De Cymru, Cantorion y Rhyd, yn ogystal â'r grŵp o ffrindiau lleol, Y Parti Bach.

Alun James

" Des i i nabod Jac yn 1983. On i wedi bod yng Nghôr Mynydd Mawr, gyda Rhyddid Williams yn arwain, a cwrddes i â Jac gan 'i fod e'n gadeirydd y Côr y flwyddyn honno.

Fe ofynnodd Rhyddid Williams i Jac ganu'r solo yng Nghytgan y Morladron ar ein record hir – ac roedd honna wastod yn ffefryn gyda'r gynulleidfa.

Yn ddiweddarach, ymunodd nifer o gyn-aelodau Côr Meibion Mynydd Mawr â Chôr Meibion De Cymru. Gyda 517 o aelodau, ni oedd y côr mwya a aeth o Heathrow erioed. Gyda'r cefnogwyr on ni dros 700 i gyd.

Fe fuon ni ar tua dwsin o deithie dramor – Canada, America, Budapest a Prague . . . Odd dewis 'da ni – gallen ni sefyll yng nghartrefi pobol neu mewn gwesty. Odd well 'da Jac a finne gwrdd â'r bobol . . . a gweud y gwir och chi'n un o'r teulu erbyn y diwedd. Yr unig dro nethon ni ddifaru gneud hyn odd pryd glywon ni bod 'na drŵp o *belly dancers* yn perfformio'n lleol, a bod lot o fois y Côr yn mynd i weld nhw – ac on ni'n rhy swil i sôn am hyn wrth y teulu on ni'n aros 'da nhw!

On ni'n neud rhyw fath o Noson Lawen: Jac yn canu solo, odd telynores gyda ni, a'r gwragedd odd wedi dod 'da ni yn ffurfio côr merched – ac odd hynny i gyd yn para rhyw dri chwarter awr.

Odd rhai o'r bois yn hoffi drinc bob hyn a hyn, ond odd Jac byth yn yfed . . . ambell i wydred o win mewn parti neu briodas . . . ond weles i byth mohono fe'n yfed peint. Odd pawb yn y Côr yn gwbod beth odd e'n moyn – dŵr clir, twym!

Wy'n cofio un tro pan ethon ni i eglwys ar bwys Mametz Wood – lle'r odd cyment o Gymry wedi colli'u bywyde yn y Rhyfel Byd Cynta. Odd 'na gofgolofn arbennig iddyn nhw, a dyma ni'n ca'l gwahoddiad i gymryd rhan yn y gwasanaeth 'ma i gofio am Fardd y Gadair Ddu, Hedd Wyn, a fu farw yn y frwydr fan'na. Buon ni'n canu emynau a chaneuon y Rhyfel Byd Cynta. On nhw wedi ca'l gafel ar Gadair Eisteddfod o rywle, ac wedi trefnu bod Jac yn ei gorchuddio gyda mantell ddu. Roedd aelod arall o'r Côr, Gordon Davies o Benfro, yn darllen englynion R. Williams Parry i'r Bardd Trwm, a dyma Jac yn ymddangos, yn ei Wisg Wen Eisteddfodol, a rhoi'r fantell ddu ar y gadair. Ar ddiwedd y noson dyma un o'r bois yn gweud '*Well, that went very well – but who was that bloody Nun?!!*'

Wy'n cofio bod mas yn America un tro, ac ethon ni hibo Universal Studios yn Los Angeles. Odd Eluned Phillips gyda ni. Wel, dyma ni'n gweld yr arwydd 'ma uwchben y fynedfa, *Senior Citizens Reduced,* a wedes i wrth Jac, 'Oes rhwbeth 'da ti i brofi dy fod ti'n OAP?' 'Na!' medde fe, felly lan â ni at y cownter a gweud '*You've got a special concession for pensioners?*' '*Yes,*' medde fe, '*Where are you from?*' '*UK*' medde fi. '*You wouldn't have any proof that you are pensioners, would you?*' medde fe. A 'ma Jac yn ateb yn syth, '*Well thank you for thinking we are not! Look at my teeth,*' medde Jac, '*in Wales you can tell a horse's age by his teeth!*' A dim ond rhyw ddou ddant odd ar ôl 'da fe! '*Oh! Go on, then!*' medde'r dyn gan wenu! "

Rhyddid Williams, arweinydd Côr Meibion Mynydd Mawr

Aelodau o Gôr Mynydd Mawr gydag aelodau o griw Twmpath Dawns Toronto, 1991

Rhoies i dorch ar fedd Hedd Wyn . . . a'r nosweth 'ny on i'n canu mewn Eglwys Gadeiriol – odd rhyw fil ohonon ni i gyd. On ni'n cynnal cyngerdd – a fi yn 'y ngwisg wen, a'r Eglwys mewn tywyllwch, ag on i'n cered mewn at y gadair – on nhw wedi dod â chader 'na – a finne'n dod â'r lliain du a'i osod e dros y gader – fel y Gader Ddu, Birkenhead, ontyfe. Ac odd bachan arall o'r côr – Gordon Davies o Benfro – yn adrodd y gerdd gan R. Williams Parry i'r Bardd Trwm, Hedd Wyn. On i fel ysbryd yn dod mewn – a dim ond sŵn 'y nhra'd i, 'da eco'r Eglwys i'w glywed. Odd e'n ddagreuol.

Paratoi ar gyfer seremoni i goffau Hedd Wyn, Mametz Wood, Ffrainc

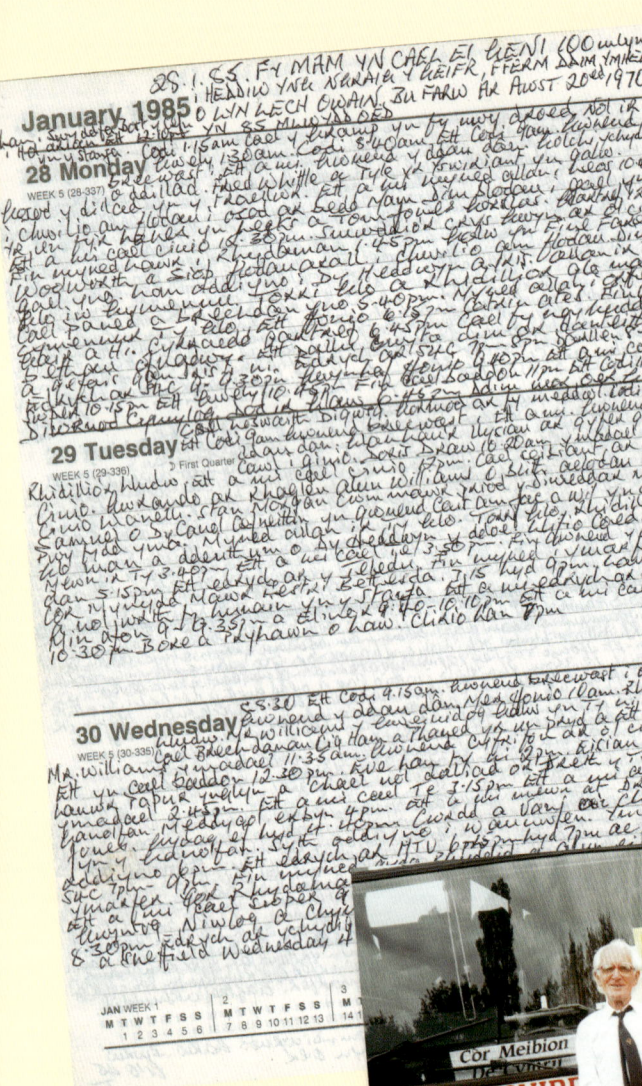

DYDDIADUR 1985

28.1.85 Fy mam yn cael ei geni 100 mlynedd i heddiw yng Nghraig y Geifr, fferm ddim ymhell o Lyn Llech Owain. Bu farw ar Awst yr ugeinfed, 1970, yn 85 mlwydd oed.

6.5.85 Clywed y gwcw yn canu am y tro cyntaf eleni.

22.10.85 Fi'n myned gyda Chôr Meibion De Cymru i'r Iseldiroedd.

Gyda Shân Cothi, unawdydd gwadd gyda Chôr Meibion De Cymru yn y Gymanfa, Ottowa

Joio mynd dramor!

Atgofion dau aelod o'r Cor: Alun Blaenrhondda a Huw Jones, Castell-nedd

Côr Meibion De Cymru

" Ffurfiwyd Côr Meibion De Cymru yn 1982, yn dilyn yr Ŵyl Mil o Leisiau yn Neuadd Albert, Llundain – y trydydd tro i Jac ganu yno! Ymysg y 125 o gantorion, roedd pedwar aelod o hen Gôr Mynydd Mawr – a Jac yn eu plith.

Fy swydd i, unwaith y byddai caneuon newydd yn cael eu cyflwyno i'r *repertoire,* oedd newid ac addasu'r gerddoriaeth i'r sol-ffa i Jac a minnau. Dyma brawf o ddylanwad yr Ysgol Sul a'r capel ar ein bywydau.

Pan aeth y Côr i Ganada yn 2000, roeddwn i'n tynnu coes Jac un diwrnod wrth ei weld e'n gwisgo'r hen shorts gwyn yna oedd ganddo ar bob trip. Dyma fi'n dweud wrtho ei fod yn rhy hen i'r rheina, ac ar ôl sgwrsio am funud neu ddwy am oedran a dyddiad geni, dyma ddarganfod bod Jac a finnau yn rhannu'r un dyddiad geni – er ei fod e bedair ar ddeg o flynyddoedd yn hŷn na fi. Am jôc, dywedais i ei fod e bron â bod yn ddigon hen i fod yn dad i mi. Wel, bob tro y byddem yn cwrdd ar ôl hynny, y cyfarchiad oedd, 'Sut hwyl, fab?', a finnau'n ateb, 'Iawn, diolch 'nhad!' A byddai ei wyneb yn goleuo i gyd, a'i wên mor naturiol. "

Hywel Lewis

" Er i mi fod yn gwbl ymwybodol o'i enwogrwydd ers pan oeddwn yn blentyn yn byw yng Nghwm Tawe, ni chefais unrhyw achos i gwrdd â'r dyn ei hun nes i mi gyrraedd fy nhri degau. Sefydlu Cantorion y Rhyd yn ardal Cwm Gwendraeth ym 1985 fu achos y cyfarfyddiad cyntaf hwnnw.

Pan ddechreuwyd y gwaith o sefydlu'r côr, daeth yn amlwg y byddai'n rhaid dod o hyd i le gweddol ganolog ar gyfer cynnal ymarferion gan iddo ddenu aelodau ar draws ardal eang. Ymddangosai Capel y Tabernacl yng Nghefneithin yn lleoliad delfrydol yn ddaearyddol, a thrwy gysylltiad tad Eiri â'r gŵr enwog, fe'm tywyswyd i drafod y fenter gyda Mr Jack Davies, a fu yn ddigon caredig i siarad â'r diaconiaid ar fy rhan. Dyna, mae'n siŵr, oedd y tro olaf i mi alw Mr Davies arno, er na fu'r parch damaid yn llai wedi hynny wrth i mi gyfeirio ato bob tro fel 'Jac'.

Er iddo yntau fod yn allweddol, felly, yn yr ymdrech i sicrhau bod gennym le i ymarfer am bron chwarter canrif wedi hynny, ni ddaeth yn aelod o Gantorion y Rhyd tan yn ddiweddarach, er na fu mor hir â hynny chwaith cyn dangos ei ddiddordeb.

Fel arweinydd, hoffwn honni taw llwyddiant cerddorol y côr yn ystod y blynyddoedd cynnar fu'r prif reswm i Jac ymaelodi, ond credaf fod yr hyn a ddenodd Jac i Gantorion y Rhyd yn fwy na hynny.

Sefydlwyd y côr am resymau ieithyddol a diwylliannol yn ogystal â cherddorol. Byddai rhai yn honni *gwleidyddol*, hyd yn oed – ffactor a fu'n achos i rai beidio ag ymaelodi dros y blynyddoedd gan i rai yn lleol gyfeirio ato, fe ymddengys, fel Côr y Blaid. Beth bynnag am hynny, roedd y gwerthoedd Cymreig a Chymraeg y safai Cantorion y Rhyd drostynt yn apelio'n fawr at y Cymro tanbaid, a cham digon naturiol oedd iddo ymuno â chriw a goleddai'r gwerthoedd hynny yn ogystal.

Buan yr amlygwyd ymroddiad diflino Jac i Gantorion y Rhyd (ac i minnau'n bersonol fel arweinydd), fel cantor, swyddog ac, yn bennaf oll, fel ffrind. Nid yn unig y bu ei bresenoldeb yn ddi-ffael (gydag eithriadau prin iawn i fynd dramor gyda Chôr Meibion De Cymru), ond gallwn ddibynnu arno bob amser am gymwynas.

Beth bynnag, yr hyn a amlygai ei hun i unrhyw berson a ddeuai ar draws Jac am y tro cyntaf oedd ei Gymreictod naturiol, a'i gariad at ei wlad a'r diwylliant Cymraeg. Ond nid unrhyw gariad sentimental oedd hwnnw. Roedd ganddo hefyd ddeallusrwydd gwleidyddol treiddgar yn ogystal ag ymwybyddiaeth sicr mai'r sail i'r gwerthoedd hynny a oedd mor agos at ei galon oedd parhad a dyfodol yr iaith Gymraeg. Sylweddolai yn hollol glir mai honno oedd congl-faen bywyd diwylliannol a chrefyddol y Gymru gyfoes a chyda diflaniad yr iaith gwyddai y gellid colli popeth gwerthfawr arall yn ei sgil.

Gwelir eisiau Jac yn ymarferion Cantorion y Rhyd. Fel aelodau rydym yn dal i hiraethu ar ôl y gŵr heini hwnnw a allai ein diddanu â'i hiwmor a'i ffraethineb, ei ddawnsio a'i gampau corfforol yn ei drowsus byr, a hynny er iddo gyrraedd ei naw deg.

Diolchaf am yr anrhydedd o'i adnabod, a chredaf yn gwbl sicr fy mod yn siarad ar ran aelodau Cantorion y Rhyd wrth ddweud y bydd y golled yn un a deimlir nid yn unig gan y côr ond gan Gymru gyfan am flynyddoedd i ddod. "

2004

14.07.04 — Ennill gwobr ar Rhaglen Grav. Dau docyn i'r Eisteddfod

6.08.04 — Dydd Gwener: Cantorion y Rhyd cystadlu yn yr Eisteddfod. Dr. Goronwy yn galw amdanaf 7.30yb i fyned i gwrdd â'r bws ger Bethania. Bwrw glaw yn ystod y nos ac yn parhau. Bws cychwyn o Bethania 8.10yb. Myned i Eglwys yn Risca erbyn 9.30yb i ymarfer. Ymadael oddi yno 10.45yb. Cyrraedd Maes yr Eisteddfod 11.10yb. Bwyta'r brechdanau. Newid i wisg C.Y Rhyd. Cwrdd â Gwynhaf 12yb. Gydag ef tan fod y Côr yn cystadlu. Côr ar y llwyfan 2.30yp.

8.08.04 — Dydd Sul: Edrych ar S4C. Criced Morgannwg a Leicester. Morgannwg colli. Capel yn y bore. Casglu ar y Llofft. Ddim yn aros i gynorthwyo gyda'r cyfrifon. Cael cinio 12.30yb. Trewlio gweddill y dydd yn gwrando ar y Radio. Edrych ar S4C Digidol a darllen. 8 - 8.04 Jac a Wil yn canu Border Bach ar y rhaglen Ar Eich Cais, Radio Cymru. Diwrnod cymylog. Dod i'r glaw 11.30 y nos.

Cantorion y Rhyd, gyda'r arweinydd, Dr Hywel Glyn Lewis

Y PARTI BACH

Grŵp agos o ffrindiau lleol oedd Y Parti Bach – Jac, John Gravelle, Wil Morgan, Ernest Evans, Jac Jenkins, Bryn Jones, Buddug Williams o dro i dro, a'r cyfeilydd, Margaret Collins.

Dechreuodd Y Parti Bach ar ôl i Bryn Jones dderbyn gwahoddiad i gynnal noson gyda Merched y Wawr yn Nantgaredig. Jac feddyliodd am enw i'r ffrindiau.

Roedd pawb yn ymarfer yn nhŷ Margaret Collins – ryw ganllath o dŷ Jac yng Nghefneithin. Dyma rai o atgofion Margaret:

> On ni i gyd yn cael yr hwyl ryfedda. Bydde Earnest yn dod mewn i'r tŷ a rhoi clamp o gusan i fi – a wedyn Jac! Nhw'u dou odd y *comedians*! Fe fydden ni'n cwrdd bob nos Fawrth am wyth – a John Gravell a Jac wastod yn dod miwn i'r tŷ yn nhra'd eu sane. Ta pryd on nhw'n dod i'r tŷ, roedd yn rhaid tynnu'u sgitshe, am ryw reswm!
>
> Yn dilyn y noson gynta honno, ceson ni i gyd shwd gyment o hwyl a mwynhad – on ni'n griw o'r un anian.
>
> O ran *repertoire*, caneuon bach ysgafn fydden ni'n canu, fynycha, 'Y Gendarmes', 'Lleucu Llwyd', yn ogystal â rhai Jac a Wil – 'Siani' ac 'Anti Lisa'. Odd yr emyne'n boblogaidd, hefyd, gyda phawb yn eu canu nhw gyda ni.
>
> On ni'n perfformio yn ôl yr alwad, a chynnal noson gyfan gyda'r caneuon ac ambell sgetsh – Llanegwad, Pontyberem, Pontiets – hyd yn oed Clwb Cymry Llundain yn Grays Inn Road, unwaith!
>
> Daeth pethe i ben tua 2004 pan bu farw Wil Morgan – odd y bois yn moyn cario mla'n, ond da'th hi i ben, ryw ffordd . . . Ond ma' atgofiuon melys tu hwnt 'da ni, o's wir.

Y Parti Bach: Wil Morgan, Bryn Jones, Jac Davies,
Ernest Evans a John Gravelle (Jac Jenkins yn absennol)

Margaret Collins

Roedd y flwyddyn 1991 yn un bwysig i'r Eisteddfod, ac i Jac – fe'i urddwyd â'r Wisg Wen.

Mae tair urdd yn yr Orsedd, wrth gwrs – y wisg werdd, y wisg las a'r wisg wen. Y rhai sy'n gwisgo'r Wisg Wen yw'r Derwyddon. Dyma'r llenorion, y cerddorion a'r ysgolheigion, a'r bobl sydd wedi cael eu hanrhydeddu am waith mawr.

Jac o Jac a Wil yn cael ei dderbyn i'r Orsedd gan W. R. P. George, Eisteddfod yr Wyddgrug, 1991

Etho i'n syth mewn ar y lefel gwyn! On i'n perthyn i Blaid Cymru ac, wrth gwrs, odd grŵp Llafur Cefneithin a Chwmllynfell yn winad! Wedon nhw wrtho i, 'Ffor' geso chi'r Wisg Wen strêt awê 'te?'

'Nace fi odd yn dewis,' medde fi. A 'ma nhw'n ateb, 'O ie, y peth nesa byddwn ni'n clywed yw bo chi'n canu Cân y Coroni!'

'Wel, fe wna i, os ca i'r cynnig!' atebes i.

Meirion Evans

Un sydd ag atgofion byw am Jac a'r Eisteddfod yw'r Prifardd a'r Archdderwydd, Meirion Evans.

❝ Jac o Jac a Wil, dyna'r enw a ddewisodd John Wesley Davies iddo'i hunan pan dderbyniwyd ef i Urdd y Derwydd yng Ngorsedd y Beirdd, gan sicrhau na fyddai modd ei gamgymryd am unrhyw Jac arall. At hynny, yr oedd yn ffordd dda i anrhydeddu a choffáu ei ddiweddar frawd, y rhan arall o'r ddeuawd fu'n diddanu cynulleidfaoedd yng Nghymru a thu hwnt am flynyddoedd lawer. Heb un amheuaeth yr oedd bod yn aelod o'r Orsedd yn golygu llawer iawn iddo, a bu'n eithriadol ffyddlon i'w chynulliadau. Ymhob Eisteddfod byddai gyda'r cyntaf yn barod yn ei wisg wen, yn ymdroi ymhlith ei gyfeillion, ac yn ei hystyried yn fraint cael tynnu ei lun gyda'r Archdderwydd yn Eisteddfod Llanelli yn y flwyddyn 2000. Ni allai ddeall mai minnau oedd yn cael y fraint, a bod hwn yn lun i'w drysori tra byddaf.

Un o'm dyletswyddau yn ystod fy nhymor fel Archdderwydd fu arwain nifer o orseddogion a chyfeillion eraill ar daith i Batagonia, ac ailsefydlu Gorsedd y Wladfa. Unwaith eto yr oedd Jac ymhlith y cyntaf i sicrhau lle iddo'i hunan. Ef oedd yr hynaf yn y cwmni, wedi hen groesi'r pedwar ugain oed, ond yr oedd mor heini a brwd â'r ieuengaf un. Bu ar y teithiau drefnwyd i weld mannau o arwyddocad arbennig yn hanes y Wladfa, ac roedd wrth ei fodd yn morio canu, boed hynny ar y bws, mewn cymanfa yn y Gaiman neu oedfa yn Nhrelew. Ac yn ddieithriad, ymddangosai yn ei drowsus cwta!

A sôn am oedfa, un o'r troeon olaf imi fod yn ei gwmni oedd yng nghapel Y Tabernacl, Cefneithin, a Jac wrth ei fodd yn y sêt fawr yn croesawu'r pregethwr gwadd a'i gyflwyno i'r gynulleidfa fel un o blith ei ffrindiau. Ychydig a feddyliais y byddwn yn yr un capel ymhen rhai misoedd yn rhan o gynulleidfa enfawr yn rhoi iddo ein ffarwél olaf. Un nad oedd yno, wrth gwrs, oedd yr hen gyfaill, Ray Gravell, a Jac ac yntau yn gymaint o ffrindiau. Cofiaf imi gael gwahoddiad i ymuno â Ray mewn darllediad o ardal fy nghartref yn Felindre ger Abertawe. Canodd y ffôn: rhywun am roi cyfarchion neu gais am record. Wedi holi pwy oedd yn galw, daeth yr ateb, John Wesley Davies, ac am unwaith yr oedd hyd yn oed Grav mewn penbleth ac yn agos at fod yn fud. Cadwodd Jac ef i ddyfalu am rai eiliadau cyn iddi wawrio ar y darlledwr pwy oedd ar ben arall y ffôn. A cododd bloedd o lawenydd, 'Jac, Jac o Jac a Wil! Chi sy 'na!'

Ie, beth bynnag oedd ei enw bedydd, dyma'r enw a lynodd wrth un, ynghyd â'i trawd, fu'n gyfrwng cymaint diddanwch i gynifer o bobl. A bob tro yr edrychaf ar y llun daw'r atgofion imi yn llu. ❞

Eluned Phillips

" On i'n gwbod am Jac ers blynydde, achos odd Anti Hanna'n byw 'da ni ar ôl claddu'i gŵr, ac rodd hi'n ffan mawr o Jac a Wil. On i ddim, achos odd Jac yn hala fi i feddwl am foi on i'n nabod – odd e'r un ffunud â'r boi 'ma – ac on i ddim yn 'i lico fe!! Bydden i'n mynd mas o'r tŷ pryd y bydde Anti Hanna yn whare'u recordie nhw. On i'n meddwl bod Jac yn dipyn o niwsans pryd 'ny – a tipyn o niwsans fuodd e wedyn, hefyd!

Wy'n ffrindie 'da Eira Thomas, Llandeilo, a odd hi'n moyn i fi ddod i Ganada 'da hi ryw dro, a 'na'r tro cynta i fi gwrdd â Jac. Des i i nabod e ar y daith 'na . . . a wedyn buon ni ar daith o ryw fis yn America, a chael yr hwyl ryfedda!

Odd rhywbeth am Jac – os odd rhywbeth yn taro'i ben e, odd e ddim yn mynd i ildio i neb. Odd e'n bendant am bethe. Buon ni'n dou'n cwmpo mas – mwy 'da Jac na neb eriod . . . on ni'n cwmpo mas yn dân gole – achos on i'n benstiff, hefyd, fel fynte! Ond odd rhywbeth da yn Jac, 'ed . . . a'r tro nesa bydden ni'n cwrdd, on ni'n dou'n 'ok' – am ryw bum munud! Dadl arall! Fel'na buodd hi am flynydde! Dyn a ŵyr am beth on ni'n dadle – rhywbeth Cymraeg o hyd. Odd Jac yn Gymro heb ei ail . . . a fi, wel, *half & half* wy 'di bod eriod!

Odd e'n gomic iawn i deithio 'da fe, chi'n gwbod. On ni yn Heathrow unwaith, a bobol yn gofyn iddo fe os taw fe bacodd ei gês e. 'Nage,' medde Jac, a 'ma pawb yn dechre meddwl, wel, jiw jiw, pwy na'th baco fe 'te? Dyma Jac yn ateb, '*My mother packed it*!' – ac odd e'n 80 rhywbeth pryd 'ny!

Dro arall, a ni'n dou bron yn 90, ceson ni'n dala mewn ciw mewn maes awyr rywle – a odd Jac ddim yn lico ciwo o gwbwl – odd e wastod yn moyn mynd, mynd! Yn sydyn reit 'ma fe'n cydio ynddo i a cered â fi mla'n i ben y ciw, a dweud, '*We're geriatrics, you see, and we shouldn't be in a queue!*' Sôn am *highly embarrassed*!

Ond ble'r on i'n lico Jac odd pryd odd e'n siarad yn dawel, deidi. On i ddim yn gwbod dim am bobol dan ddaear, a fi o Sir Aberteifi. Odd y bywyd 'na'n ddierth i fi. Cofio fe'n sôn am derme dan-ddaear . . . un yn arbennig – 'Twll y Fantes' – rhywle i chi gael y fantes o wneud rhywbeth. Hynny yw, odd yr hen goliers yn gwbod ble'r odd twllu er mwyn symud yn saff o un lle i'r llall – a fi 'di defnyddio'r term sawl gwaith ers 'ny.

Odd e'n itha prowd o'r peth – ac yn ei shorts . . . wel, jiw jiw, bois bach!
Cofio on ni i gyd yn ein gwisgoedd ar y bws 'ma – ar y ffordd i'r Maes yng Nghaerdydd. Fe a'th rhywbeth o'i le 'da'r amseru, ac fe fu'n rhaid i ni fynd rownd a rownd Caerdydd sbo'r amser yn iawn. Ac ethon ni rownd rhyw ysbyty yn Ely, a wedd rhai o'r *patients* yn meddwl taw angylion on ni, wedi dod i hôl nhw! "

Hwyl a sbri yn America

Angylion ar y bws!

Dau dderyn gyda'i gilydd: Rhian Evans a Jac

Yn falch iawn, y tu ôl i'r prifardd Mererid Hopwood, Eisteddfod Meifod, 2003

> O'r holl deithiau a gafodd Jac yn y blynyddoedd prysur ar ôl iddo ymddeol, efallai mai'r ymweliad â'r Wladfa yn 1999 oedd yr un mwyaf cofiadwy. Ar ôl dychwelyd, cyhoeddodd *Papur y Cwm* adroddiad gan Jac ar y daith hynod.

Y DAITH I BATAGONIA

Er i mi deithio i lawer o wledydd gyda'r corau yr wyf yn aelod ohonynt, ni chefais gyfle erioed i fynd i Batagonia. Felly, pan glywais fod tair o ferched glandeg Shir Gâr, Ethne Phillips, Megan Bevan a Rhian Evans yn bwriadu teithio'r wyth mil o filltiroedd i ymweld â'n cyd-Gymry yn Ariannin, cododd yr awydd arnaf i ymuno â nhw ar yr antur. Gan fy mod yn dipyn o haul-addolwr, roeddwn yn falch iawn o ddeall mai tywydd teg diwedd haf oedd yn ein disgwyl draw ym Mhatagonia. Felly, dyma bacio'r trwseri byrion a'r crysau haf a bant â ni ar 25ain Chwefror.

Ar ôl taith o dair awr ar ddeg o Gatwick, roeddem yn hynod o falch o gael ein croesawu yn Buenos Aires gan Rona – Cymraes lân loyw na fentrodd erioed draw i Gymru. Roedd hi wedi trefnu te croeso i ni yn y ddinas, lle y cawsom gyfarfod ag amryw o bobl sydd â'u gwreiddiau yma yng Nghymru. Roedd yno lawer yn ffaelu'n deg â chredu fy mod i'n dal ar dir y byw! Roedd amryw ohonyn nhw, medden nhw, wedi prynu recordiau o Wil a finnau 'nôl yn y chwe degau. Un o'r rheiny oedd Norma sydd erbyn hyn tua deugain oed. Pan oedd hi'n groten fach, roedd ei rhieni yn dysgu deuawdau Wil a finnau i Norma a'i chwaer. Gyda Rhian wrth y piano, buan iawn yr oedd Norma a finnau'n rhoi tro ar yr hen ganiadau.

Treuliwyd dau ddiwrnod yn Buenos Aires, lle cafwyd cyfle i ymweld â'r porthladd a'i adeiladau lliwgar, y parciau lle tyfai'r coed jacaranda porffor, a chyfle hefyd i ddawnsio'r tango fywiog.

Ymlaen â ni wedyn mewn awyren fach bitw i dref Esquel wrth droed yr Andes. Yno, roedd Hazel Charles Evans o Lanelli yn ein disgwyl. Fe dreuliodd hi ddwy flynedd yno yn dysgu Cymraeg i'r brodorion. Roedden ni'n cyrraedd erbyn dathliadau Dydd Gŵyl Ddewi. Yn y noson o gawl a chân cyflwynodd Ethne siec o ddwy fil o ddoleri i Hazel tuag at y Ganolfan Gymraeg yn Esquel. Codwyd yr arian mewn ffair Nadolig yn Llanelli fis Tachwedd diwethaf. Erbyn hyn, mae breuddwyd Hazel o gael Canolfan Gymraeg yn dod yn wir a'r gwaith adeiladu yn dod yn ei flaen yn dda.

Roedd y croeso gan bawb yn gynnes iawn. Cawsom ein gwahodd i gartrefi amryw o bobl sydd â'u gwreiddiau yma yng Nghymru. A pha le bynnag y byddem yn mynd byddai'n rhaid rhoi cân fach. Cymerodd y pedwar ohonon ni'r ymwelwyr ran yn yr oedfa yn Seion Esquel. Un diwrnod, fe gawsom wahoddiad i ffarm ger Llyn Rosario i gael 'asado' lle mae oen neu eidion yn cael ei goginio allan yn yr awyr agored a phawb yn bwyta darn o gig wedyn gyda saladau o bob math.

Profiad arall na fyddaf yn debyg o'i anghofio oedd y daith i Barc Cenedlaethol Patagonia. Roedd y coed yn y fforest yn enfawr, rhai ohonyn nhw cyn hyned â dwy fil o flynyddoedd. Wrth groesi Llyn Menendes mewn bad, gwelem gopaon eiraog y mynyddoedd o'n cwmpas, ac ambell i 'condor' yn hofran fry uwchben. Yr hyn sydd yn aros yn fyw yn y cof yw lliw gwyrddlas y dyfroedd yn y rhaeadrau a'r afonydd a'r holl liwiau amrywiol ar y mynyddoedd wrth i'r haul ddisgleirio arnyn nhw.

Wna i ddim anghofio, chwaith, y daith ar y trên stêm bach i bentref tlawd yr Indiaid, fry yn y mynyddoedd.

Ar ôl wythnos lawn o weithgareddau, daeth yn bryd i ni symud ymlaen i'r Gaiman, a phenderfynwyd croesi'r paith eang mewn bws. Roedd hon yn daith o bedwar can milltir

Yn y Gaiman gyda'r gaucho (uchod) ac yn cael tro ar y mangl

dros dir anial, sych. Galwodd y bws mewn amryw o bentrefi Indiaidd ar y ffordd ac roeddem yn ddigon balch o gyrraedd y Gaiman ar ôl un awr ar ddeg o deithio. Fe ddaeth Vali a Mari Elena i'n cyfarfod o'r bws gan ein bod yn mynd i aros am yr wythnos yng nghartref mab Vali, Ricardo, sydd yn briod â Sonia, merch Mari Elena. Ar hyn o bryd, mae Ricardo a Sonia a'u plant, Camila a Philipe, yn treulio cyfnod yn Aberystwyth tra bo Ricardo yn astudio yn yr Adran Amaethyddiaeth. Gan fod eu tŷ yn y Gaiman yn wag, fe gawson ni aros yno. Roedd ffrindiau Ricardo yn galw i'n gweld a Mari Elena yn dod â phob math o ddanteithion i ni o'i Thŷ Te y drws nesaf. Wel, fe gawson ni de croeso a chyfle i ganu ac i wneud ychydig o ddawnsio gwerin. Un noson, fe ges i wahoddiad i'r Bwthyn yng nghartref Billy Hughes – noson oedd hon i'r dynion yn unig! Roedd y merched yn reit eiddigeddus! Fe aeth Billy â fi i weld ffarm Hyde Park a ddangoswyd ar un o raglenni Dai Jones, Llanilar.

Fe fu Gabriel, athro Cymraeg yn Ysgol Camwy, yn garedig iawn i ni hefyd. Aeth â ni i weld ffarm ffrwythau ei gariad, Lucia. Ac ef a Soraia, merch ifanc arall a ddysgodd Gymraeg yn Llanbed y llynedd, a aeth â ni i weld Porth Madryn lle glaniodd y fintai gyntaf ym 1865.

Daeth yn bryd i bacio'r bagiau eto a dychwelyd i Buenos Aires. Yno, roedd Rona yn ein disgwyl eto i'n tywys i'r gwesty ac i siarad Sbaeneg ar ein rhan.

'Roedd yn rhaid i fi ganu'n amal 'na . . . a llofnodi casetie pobol o Jac a Wil. On nhw'n ffaelu credu bo fi'n dal yn fyw!'

Roedd yna un antur arall o'n blaenau. Taith awyren arall o fil o filltiroedd i'r gogledd i'r ffin rhwng Brazil ac Archentina. Ein cyrchfan oedd Iguasw lle mae rhaeadrau dŵr anferthol. Fe fuodd Megan ac Ethne i fyny mewn hofrennydd dros y dyfroedd. Bodlonais i ar fynd ar gefn lori ar safari drwy'r jyngl gan fynd heibio adar amryliw ac ieir bach yr haf o bob lliw a llun. Fe fuodd y merched ar fad hyd at ymyl y dyfroedd a dod yn ôl â'u dillad yn diferu. Roedd yn well 'da fi gadw 'nhraed ar dir sych!

Trueni fy mod wedi aros cyhyd cyn mynd i Batagonia, ond rwyf yn hynod o falch fy mod wedi bod. Gobeithio nawr y cawn ni gyfle i roi'r un croeso nôl i bobl y Wladfa ag a gawson ni gyda nhw. Pwy a ŵyr, efallai y daw Côr Seion Esquel draw i gystadlu yn Eisteddfod Genedlaethol Llanelli y flwyddyn nesaf.

Jac
Papur y Cwm, 1999

Diddanu cynulleidfa yn Esquel ar Ddydd Gŵyl Dewi 1999

Crefftau'r brodorion

Rhannu'r un iaith – cerddoriaeth!

Cafodd Jac iechyd arbennig ar hyd ei oes, a digon o gyfle i ddathlu – nid yn unig pan gafodd ei ben-blwydd yn 80 ond eto wedyn pan oedd yn 90. Roedd y cariad yr oedd ei gyfeillion yn teimlo tuag at Jac yn amlygu ei hun mewn sawl ffordd – o greu barddoniaeth i drefnu 'syrpreis' annisgwyl iddo.

Ces y cyfle i fynd yn ôl i Waunwen gyda'r teulu ar ddiwrnod fy mhen-blwydd yn 80. A dyma ni yno: Allenby, Cadfan, minnau, Pat ac Evelyn. Roedd Pat wedi bod yn byw yn Llundain, a phan fu farw 'i gŵr yn sydyn, da'th hi'n ôl i Gefneithin.

Dyma Gantorion y Rhyd yn gweud wrtho i: 'So ni'n gallu ca'l y Festri nos Fawrth nesa.' O ie, medde fi . . . ond on i'n gwbod bod rhywbeth mla'n. 'Na. Byddwn ni'n mynd mas i Neuadd Cross Hands – ni'n ca'l benthyg y lle am y nos.' Ac etho i mas, heb wisgo lan, jest mynd fel on i'n arfer mynd – a wir, pan on i'n mynd mewn trwy'r drws, dyma nhw'n canu, 'Pen-blwydd Hapus'!

On nhw wedi neud parti mowr, heb weud gair wrtho i! Ac odd Eluned Phillips wedi troi lan, wedi neud englyn bach – 'Jac, gŵr y siorts a'r jocan!'

Jac, gŵr y siorts a'r jocan, – un enwog,
   Un annwyl ei anian,
Ffynnu 'ngwres pob merch sy'n ffan
A'n gyson iawn ei gusan.

Eluned Phillips

Dyna beth oedd parti i'w gofio, a phawb mewn hwylie da. A 'ma'r marched yn gweiddi, 'Pwy liw 'ych chi, Jac? Dangoswch eich lliw i ni! A dyma dynnu'r crys off i ddechre – a tynnes i 'nhrowsus off – a 'ma'r menywod yn meddwl bo fi'n mynd i dynnu 'mhants i off! 'Na! Na!' o'n nhw'n gweiddi!

Trefnodd Gwynhaf a Mair anrheg pen-blwydd annisgwyl iawn i fi, sef trip i Gran Canaria. A hyd yn oed yn fan'na roedd digon o gyfle i ganu. Fe gafon ni wylie mor fendigedig, aethon ni nôl i'r un lle i ddathlu 'mhen-blwydd yn 90.

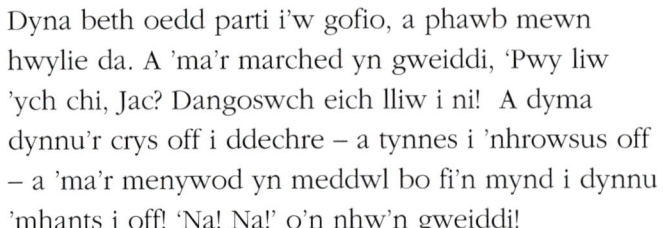

Pris: 45c   Rhifyn 256 Mai 2007

Papur Y Cwm

LLONGYFARCHIADAU I JAC YN 90

POB HWYL I GYSTADLEUWYR A PHERFFORMWYR Y CWM YN EISTEDDFOD GENEDLAETHOL YR URDD SIR GÂR 2007

"Pwy fydd yma mhen can mlynedd?"
"Pwy fydd yma'n dyblu'r gan?"

BU parti mawr y Pasg pan fu trwbadwr enwocaf Cwm Gwendraeth, Jac Davies yn dathlu ei ben blwydd yn ddeg a phedwar-ugain oed. Dim ond degawd i fynd at ei ganrif, a byw ei gân enwog "Pwy fydd yma mhen can mlynedd."

Er colli ei bartner canu, ei frawd Wil ers sawl blwyddyn bellach, mae Jac yn dal i fynd yn gryf ac yn canu o hyd mewn sawl côr gan gynnwys Cantorion y Rhyd a Chôr Meibion De Cymru. Daeth amryw o aelodau'r Corau ynghyd â thrigolion Cefneithin a Garreg Hollt, a llu o hen gyfeillion i westy'r Llwyn Iorwg Caerfyrddin ar nos Iau y Pasg.

Cafwyd sawl teyrnged deimladwy iawn iddo ac fe'n diddanwyd gan sawl hen gyfaill gan gynnwys "Yr Hanner Arall", sef Lynne Jones, Gwyn Morris a Gareth Jams. Heb anghofio wrth gwrs Jac ei hun a ganodd yn beraidd iawn "Y Border Bach"

Daeth Jac a Wil i amlygrwydd gyntaf yn canu yn Neuadd Albert, Llundain, yn y pumdegau, gan wneud llwyth o sioeau radio a theledu, a gwerthu miloedd o recordiau gyda chwmni Welsh Teldisc a Sain. Credir bod y ddeuawd wedi gwerthu dros 100,000 o recordiau, tapiau a chryno ddisgiau mewn cyfnod o 50 mlynedd.

"Rwyf wedi bod yn canu erioed - roeddwn i'n un o naw o blant ac roedden ni i gyd yn deulu cyfan yn canu yn y capel, mewn cyngherddau fel rhan o Gôr yr Aelwyd," meddai Jac,

"Rwy'n teimlo y gallaf ddal fy mhen yn uchel

fel un a ddechreuodd fel glowr cyffredin a oedd yn mwynhau canu a pherfformio. Fe fydda i'n canu ar benwythnos fy mhen-blwydd hefyd."

Ac fe wnaeth gydag arddeliad.

Dymunwn hir oes, iechyd a hapusrwydd iddo.

(Mwy o luniau tud. 9)

Cyfraniadau i Rifyn mis Mehefin erbyn Mai 15fed *

Canu 'Y Border Bach' yn y parti pen-blwydd

 Jac

Llongyfarchiadau i chi
Ar ddathlu naw deg oed,
Mor heini'n ddawnsiwr tapiau
Tip top ar ysgafn droed.

Diddanwr cynulleidfa
Trwy Gymru ar ei rawd
Arloesi dros flynyddoedd,
Dau'n canu, Jac a'i frawd.

Jac Wesley a ddeil wrthi
A chanu wnaiff o hyd,
Yn ffyddlon iawn bob wythnos
Yn fâs yng Nghôr y Rhyd.

O dan gwisg wen yr orsedd
Mae'n gwisgo trowsus byr
I ddod i bob ymarfer
A'i beraidd lais a dyrr.

Y penwyn gantor seinia
Y nodau'n ber a chlir,
Yn wên na phyla amser
Yn fythol dros ein tir.

Ac ewch ymlaen mewn hyder
I ganu fel y môr,
Dymuno Penblwydd Hapus
Wna holl aelodau'r cor

                E.W. Thomas

Cyfarchion Emyr Wyn Thomas, Côr y Rhyd

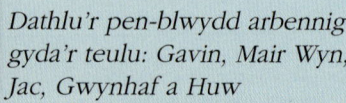

Dathlu'r pen-blwydd arbennig gyda'r teulu: Gavin, Mair Wyn, Jac, Gwynhaf a Huw

"

Mair Wyn Davies

Wy'n cofio ca'l ofan y tro cynta on i'n mynd i gwrdd ag e … adeg y mini-skirts odd hi. Ron i'n meddwl 'i fod e'n hen ddyn – ond roedd Jac yn foi ifanc pryd 'ny, i weud y gwir, ac on i'n meddwl 'i fod e'n ddyn golygus. Roedd e'n dipyn bach o smoothie, i fod yn onest!

On i'n teimlo ein bod ni'n dou ar yr un donfedd. Unwaith y bydden ni rownd y piano, ni odd y ffrindie mwya – bydde Jac yn mynd trwy'r llyfyr emyne, ac erbyn rhyw un y bore bydde Gwynhaf wedi ca'l digon a mynd i'r gwely, a gadel Jac a finne'n canu am sbel wedyn!

Ethon ni ag e am wylie i Gran Canaria i ddathlu ei ben-blwydd yn 80 – ac fe gerddodd e filltiroedd 'na! Bob nos roedd yn rhaid iddo fe ga'l yr un peth i swper – Pizza Margarita, yn nhafarn Peppito. Erbyn y diwedd odd y waiter yn 'i alw fe'n Papa!

Dro arall, wy'n cofio Cantorion y Rhyd yn canu gwaith Robert Arwyn, Brenin y Sêr, yng Nghapel Bethania, y Tymbl. Roedd Gwynhaf a finne yn y galeri. A 'na ble'r odd Jac, y dyn hena yn y côr, yn dishgwl fel crwtyn ifanc, ac yn symud i rythm y gân. Dyma Gwynhaf yn troi ato i a gweud, 'Fydde dim ots 'da fi 'se Jac yn cwmpo'n farw fan'na, nawr … achos bydde fe wrth 'i fodd yn mynd o'r hen fyd 'ma yn neud beth odd e'n 'i fwynhau fwya!'

Roedd Jac wastod yn gwneud i fi feddwl 'i fod e'n esiampl dda o'r egwyddor 'byw am heddi'.

On i'n ei ystyried e fwy fel ffrind na thad-yng-nghyfraith.

"

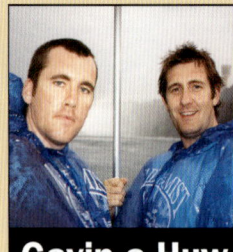

Gavin a Huw

Gavin:

Un o'r prif atgofion o'r amser pan on i'n fach yw mynd o gwmpas Cefneithin adeg y Nadolig a chanu carolau. Odd hi 'di bod yn bwrw eira'n drwm, ac fe aeth Da-cu â ni lan hibo'r Garreg Hollt i Waunwen, ac yna cerdded trwy Cefneithin – am ryw bump awr i gyd. Galw heibio pob tŷ – Da-cu'n cael glased o sieri ym mhobman a ni'n cael lot o arian a losin!

Fe fydde Da-cu wastod yn gweud straeon am y rhyfel a chanu – bydde'r nos gyfan yn mynd gyda phawb yn difyrru'n gilydd. Odd e fel 'se fe wastod yn canu yn y gegin – a tap-danso – ac roedd yn rhaid i Huw a finne drio copio fe! Bydde fe'n dysgu ni i harmoneiddio, hefyd. Wy'n cofio pan on i'n wyth mlwydd oed yn Ysgol Gartholwg, Caerdydd – y gwasanaeth boreol odd hi, a'r plant eraill ddim ond yn gallu canu un nodyn – ond o'dd Dacu wedi dysgu rhywbeth arbennig i fi wrth ganu.

On i ddim yn sylweddoli pa mor enwog odd Da-cu a Wil. I ddechre 'da, on i'n meddwl taw dim ond yn y pentre on nhw'n enwog – ond ymhen amser des i i ddeall bod Cymru gyfan yn gwbod amdanyn nhw.

Ar ôl i fi symud i Lundain, fe fydde Da-cu'n dod lan i 'ngweld i, a bydden ni'n cwrdd yn y Marble Arch. Ac un dydd arbennig, 'ma ni'n cerdded trwy Hyde Park, heibio Kensington, a stopo wrth yr Albert Hall – a 'ma Da-cu'n troi ato i a gweud, 'Fi 'di canu fan'na!'.

Roedd bod yn ei gwmni yn amser hudol i ni, ac roedd pawb yn meddwl ei fod e mor ffit bydde fe'n para sbo fe'n gant! Dwedodd rhywun wrtho pan odd e'n dathlu ei ben-blwydd yn 89, 'Llongyfarchiade, Jac, byddi di'n gant cyn bo hir, a wedyn cei di lythyr bach wrth y Queen!' a 'ma Da-cu'n troi ato fe a gweud, 'Bydd e'n gyfleus pryd rheda i mas o bapur tŷ bach!'

Huw:

Odd Da-cu wastod yn joio whare rygbi 'da ni – Gav a fi'n rhedeg ar draws y ca', a bydde fe'n ein dilyn ni – neu hyd yn oed arwain, withe!

O'dd e'n cered i bobman am ei fod e mor ffit – ond pan odd e'n 80 wedodd e bod e'n moyn beic!

Un Steddfod, wedi iddo dderbyn y Wisg Wen, dyma ni'n trefnu i gwrdd ar y Maes. Synnais i weld faint o bobol odd yn dod lan ato fe – pawb yn moyn siarad ag e. On i mor browd ohono fe.

Atodiad 1: Cofio 'Jac' Waunwen

Teyrnged Dr Goronwy Rhys Jones i'r diweddar Jac Waunwen. Darlledwyd ar raglen *Hywel a Nia* ar 5ed Chwefror 2008.

Mae'n chwith fel yr 'yn ni y bore ma yn dweud am Jac fel un a 'oedd' yn ffrind i ni, gan ddefnyddio ffurf orffennol y ferf.

Ydy, ac mae hynny'n dorcalonnus. Rwy'n credu 'mod i'n siarad dros bawb wrth ddweud yr hoffwn gael bod yn ei gwmni ffraeth un waith fach eto. Roedd pob sgwrs bob amser yn dwyn gwên a chwerthin, a nifer o storïau difyr.

Ers pryd oeddech chi'n ei adnabod e?

Ychydig o fisoedd yn brin o bum mlynedd ar hugain, fel meddyg yng Nghwm Gwendraeth, yn Cross Hands a'r Tymbl. Wedi byw am dros ddeng mlynedd yn ymyl ein gilydd yn Heol y Dre, Cefneithin, (neu Hewl y Baw, fel yr oedd nifer yn arfer ei hadnabod). Ei adnabod fel cymydog, yn aml i'w weld yn cerdded yn sionc ar hyd Heol y Dre, bob amser yn barod i sgwrsio. Wedyn dod i'w nabod yn agos iawn wrth weini ar ei wraig, Ethel, yn yr wyth degau, a phrofi yn uniongyrchol ei gariad a'i lwyr ymroddiad i'w gofal hi, tra oedd hi mor sâl. Ei adnabod fel diacon Capel y Tabernacl, Cefneithin, fel yr un a oedd yno wrth y drws i gyfarch pawb oedd yn cyrraedd. Fe allai fod yn ganol gaeaf oer, a'r gwynt yn chwythu drwyddoch chi, ond ni fyddai byth got fawr ynghylch Jac, ac nid oedd e byth yn gwisgo fest, chwaith. Dywedai nad oedd e'n gwybod beth oedd annwyd, gan nad oedd erioed wedi dal y fath anhwylder! (Roedd hyn yn fy ngwneud yn genfigennus, gan fy mod i'n cael un yn reit aml gan fy nghleifion!)

Yn hwyrach, buom yn gyfeillion gyda'n gilydd yn canu yng nghôr cymysg Cantorion y Rhyd. Roedd pob ymarfer yn brofiad, gyda'r ebychiadau doniol a gafwyd mor aml o gyfeiriad Jac, a'i hiwmor fel fflach! Mynd i roi cyngherddau, wedyn, a nifer o deithiau bythgofiadwy yn ei gwmni, fel pan fu'r côr yn canu yng Nghanada, Sbaen ac Iwerddon. Fe ddylai Jac fod wedi bod yn un o'r sgriptwyr i Radio Cymru, neu S4C, gymaint oedd ei wreiddioldeb a chyflymder ei feddwl.

Allech chi roi enghraifft i ni ?

Buodd ei fab, Gwynhaf, a'i briod, Mair, yn brysur iawn y llynedd yn paratoi parti hyfryd i Jac i ddathlu ei ben-blwydd yn 90 oed. Fe wahoddwyd llu o'i hen ffrindiau, yn gymdogion, yn gyd-bentrefwyr, yn gyd-aelodau o'r capel a'r corau (Cantorion y Rhyd a Chôr Meibion De Cymru, Y Trwbadwrs, ac yn y baen) i Westy'r Llwyn Iorwg yng Nghaerfyrddin – a'r holl drefniadau'n cael eu cadw oddi wrth Jac.

Fe wewyd storïau cymhleth cryn dipyn o amser o flaen y noson er mwyn sicrhau y byddai Jac yn bresennol, a bu Cantorion y Rhyd yn ymarfer darn neu ddau ar gyfer rhyw gyngerdd dychmygol yng Ngholeg y Drindod! Fe ymgasglodd pawb yn y gwesty, ac fe gafodd Jac reid yn y car gan Gareth James, gan ddweud bod angen galw yng ngwesty'r Llwyn Iorwg ar y ffordd er mwyn gadael gitâr yno yn barod am 'gig'. Bu pawb yn dawel fel llygod ar ôl clywed fod Jac ar fin cyrraedd, nes iddo gerdded mewn i'r ystafell fawr, a chael cymeradwyaeth wresog a swnllyd. Wedyn, fe'i harweiniwyd i'r bwrdd top gan Gwynhaf a Mair, a phawb yn cadw sŵn a churo dwylo. Wrth gyrraedd y bwrdd, dyma Jac yn dweud, 'Os caf i *miscarriage* ar ôl hyn i gyd, eich bai chi fydd e!'. Ac wedyn troi at ei wyron a dweud ei fod yn eu torri allan o'r ewyllys ar ôl rhoi'r fath syrpreis iddo!

Ond roedd Jac yn gyfarwydd â bod o flaen nifer o bobl on'd oedd? Wedi'r cyfan, buodd e a Wil yn canu yn yr Albert Hall!

Oedd, roedd Jac yn gallu bod yn gartrefol iawn wrth berfformio o flaen cynulleidfa fawr neu fach, mewn cyngerdd fawr, neu mewn rhyw ddigwyddiad hap-a-damwain ar-y-pryd, gan nad oedd angen paratoi o gwbl, gyda chymaint o *repertoire* ar ei gof, yn barod i lifo allan fel afon o gerddoriaeth! Wrth gwrs, fe gafwyd enghraifft o'r gallu yma i roi perfformiad sydyn ddiwedd noson y parti 90 yng Nghaerfyrddin, pan ganodd e *Y Border Bach,* gyda 'Twryn' yn cyfeilio.

Ac fe aeth Jac yn hen – ond roedd yno un gwahaniaeth mawr rhwng *Y Border Bach* a gardd Jac – doedd dim dant y llew na chwyn yng ngardd Jac! Ces fy ngalw i'r tŷ pan ddarganfuwyd corff Jac gan Gwynhaf, a llwyddo i sylwi unwaith eto ar ei ardd gefn, a oedd yn werth ei gweld. Roedd wedi ei rhoi heibio am y gaeaf, a'r pridd yn lân ac wedi ei osod mewn rhychiau taclus di-chwyn. Bob gwanwyn a haf, byddai wrthi yn llafurio yn ei ardd, ac yn cynhyrchu digonedd o lysiau, fel bod bob amser digon i'w rhoi i ffwrdd yn anrhegion.

A nawr, a Jac y garddwr gwych wedi mynd, yn ôl y daw dant y llew, yn union fel *Y Border Bach.* Ni welwn e mwyach yn garddio yn ei drowser cwta a'i goesau lliw cneuen aeddfed neu, fel yr oedd weithiau, hefyd heb ei grys os oedd hi'n dywydd da! Roedd pawb yn sôn mor 'ffit' yr edrychai Jac bob amser.

I gadw'r gymhariaeth gyda'r *Border Bach*, nid edwino a wnaeth Jac onid e, ond mynd ym mlodau'i ddyddiau!

Yn hollol, roedd Jac wedi byw bywyd llawn i'r funud olaf. Ni chafodd Jac dostrwydd na chystudd hir lle roedd angen gofal arno. Ni fyddai hynny wedi siwtio natur annibynnol gref yr arwr yma o Gefneithin o gwbl, ac rwy'n credu y dylai hynny fod yn destun diolch i ni i gyd. Buodd Jac wrthi yn perfformio *wheelies* reit lan i'r funud ola!

Roedd Jac yn cadw dyddiadur manwl bob dydd ac yno, ar fwrdd y gegin fach, roedd y dyddiadur ar agor, ac wedi ei gwblhau i fyny at brynhawn dydd Sadwrn yr ail o Chwefror. Yn ei Gymraeg gloyw a phur, adroddodd sut yr oedd wedi bod yn Cross Hands y bore hwnnw i siopa am ambell beth, gan gynnwys papur dyddiol. Y frawddeg olaf oedd 'Edrych ar S4C.' – yn amlwg yn cyfeirio at y gêm rygbi fawr rhwng Cymru a Lloegr yn Nhwickenham! Hoffwn feddwl bod Jac wedi marw'n ddyn hapus iawn ar ôl gweld Cymru'n fuddugol yn Nhwickenham am y tro cyntaf ers ugain mlynedd! Dyna i chi ffordd i fynd!

Dyna fe'n marw, heb erioed fod yn drafferth i neb, gyda'i ddwylo wedi'u plethu, a ninnau'n colli un o emau ein cenedl. Mae'n od fel ein bod ni nawr yn galaru am ddau arwr o Sir Gaerfyrddin, ac mae'n hawdd cyfuno Jac a Ray Gravell yn yr un frawddeg, a'r un ddelwedd ac ethos. Roeddwn i ffwrdd yn gweithio yn Lesotho yn Neheudir Affrica pan gollodd y genedl Ray ond, diolch i'r we, fe lwyddais i ddarllen tipyn o'r hanes, ynghyd â sawl teyrnged o'r papurau. Hoffais yr hyn a ysgrifennodd Menna Richards am Ray – y byddai pawb yng Nghymru yn gweld y golled fel galar personol. Credaf y gellir dweud yr un peth am Jac. Efallai bod y ddau wedi cael eu mowldio gan yr un crochennydd! Dau Gymro balch, ond diffuant a diymhongar hefyd.

Yn y parti 90, cawsom nifer o storïau digri gan Gwynhaf, ac roedd rhai ohonynt am Grav. Un tro, roedd Jac yn gwisgo ei 'shorts' yn ymyl Gwynhaf yn yr Eisteddfod, a daeth Grav atynt i sgwrsio, ac fe bwyntiodd at Jac gan ddweud, 'Dishgwlwch ar y boi 'ma 'te . . . Sex on legs!!!'

Wrth gwrs, byddai Jac a Grav yn mwynhau cwmni ei gilydd fel cyd-aelodau o Orsedd y Beirdd, ac nid anodd dychmygu faint o dynnu coes oedd yn digwydd pan fyddai'r ddau hynny'n cael hwyl! Wrth edrych yn ôl nawr, fe welwn mai stori 'rhwng gwên a deigryn' yw'r un nesa. Bob tro y byddai Ray yn digwydd taro ar draws Gwynhaf ar faes yr Eisteddfod, a heb fod Jac yn bresennol, byddai'n dweud yr un peth, sef 'Cofia nawr! Cofia! Pan aiff Jac, dy dad, cofia 'mod i'n moyn bod yn *bearer*!'

Wel, yn anffodus, ni chafodd Ray fod yn gludydd i Jac ond, o'm rhan innau, mi fyddaf yn falch tra byddaf byw 'mod i wedi cael yr anrhydedd enfawr honno ar ddiwrnod ei angladd, dydd Gwener, yr wythfed o Chwefror, yn y Tabernacl, Cefneithin, gyda'r capel yn orlawn, ac fe erys y cof. Ys dywedodd Dafydd Iwan yn ei deyrnged tu hwnt o emosiynol yn y gwasanaeth, mae'n anodd diffinio beth y hollol yw Cymreictod, a diwylliant gwerinol y Cymro, ei ffydd a'i feddylfryd – ond yn Jac, roeddem yn gallu ei weld, ei deimlo, a'i adnabod. Clywch, clywch!

Hedd i ti, Jac Bach. Diolch am gyfoethogi bywydau cymaint.

Goronwy

Atodiad 2: Cofio Jac

Teyrnged yr Athro Hywel Teifi Edwards
ar noson 'Cofio Jac' yn Neuadd Pontyberem,
Mai 10fed 2008

Pan ddwedais i wrth fy chwaer – sy'n byw yn Llanrhystud, ac yn bedwar ugain oed erbyn hyn – 'mod i'n dod yma heno i roi gair o deyrnged yng Nghyngerdd Cofio Jac, meddai hi, 'Dwed wrthyn nhw mai un o uchelfannau 'ngyrfa i fel cyfeilydd oedd cyfeilio i Jac a Wil y noson honno yn Neuadd Fictoria yn Llanbed pan oedd eu cyfeilydd arferol nhw ddim ar gael.'

Mae fy chwaer wedi cyfeilio mewn ugeiniau o gyngherddau, ond mae'n dweud o hyd ei bod hi'n cofio'r noson honno – ac yn cofio un peth yn arbennig, meddai, sef diffuantrwydd y canu.

Beth sy'n gwneud Jac, a Jac a Wil, mor arbennig o'm safbwynt i? Yn fwy na dim, rwy'n credu, y ffaith bod eu gwreiddiau yng 'Nghymru gwlad y gân'. A dyw 'Cymru gwlad y gân' fel rydych chi a fi wedi'i nabod hi, ddim yn mynd yn ôl ymhellach na chwe degau'r bedwaredd ganrif ar bymtheg – oes Fictoria, pan gyrhaeddodd tonic sol-ffa Gymru a mynd trwy'r wlad fel fflam a chreu, am y tro cyntaf yn hanes Cymru, ddegau o filoedd o bobl gyffredin fel chi a fi oedd, ymhen deng mlynedd, yn gallu gwneud rhywbeth nad oedden nhw erioed wedi ei wneud yn hanes Cymru cyn hynny, sef darllen y nodau. Fe greodd y tonic sol-ffa yng Nghymru genedl a oedd yn canu mewn difri; cenedl a oedd yn darganfod Handel a Mendelssohn a Bach a Beethoven – tonic sol-ffa!

Fe gyrhaeddodd yr Eisteddfod Genedlaethol ym 1861 ac, am y tro cyntaf, roedd gan genedl y Cymry lwyfan cenedlaethol ar gyfer y ddawn arbennig yma. Yr un cyfnod yn gwmws, fe gyrhaeddodd y gymanfa ganu fel r'yn ni'n ei hadnabod hi heddiw. Yn Aberdâr, yn y flwyddyn 1859, fe gynhaliwyd y gymanfa ganu gyntaf, a honno wedi'i seilio ar yr emyn-donau yng nghasgliad enwog Ieuan Gwyllt. Ac mae'r cantorion a'r corau i gyd yn cyrraedd yr un cyfnod. Dyma gyfnod Joseph Parry, y 1860au. Dyma ddechrau gyrfa ryfeddol Eos Morlais.

Un o'r sgyrsiau mwyaf difyr ges i gyda Jac yn ystod wythnos y Genedlaethol un tro, oedd siarad ag e am yr anfarwol Robert Rees, Eos Morlais, fuodd farw yn y flwyddyn 1891. Eos Morlais oedd ein tenor cenedlaethol cyntaf, ac yn ei gyngherddau byddai'n canu'r un math o ganeuon yr oedd Jac a Wil yn cael cymaint o flas arnyn nhw, a chynulleidfaoedd di-ri wrth eu bodd yn gwrando. Hynny yw, mae gwreiddyn dawn arbennig Jac yn mynd yn ôl i'r cyfnod yna.

Beth ydy canrif? Buodd Jac fyw dros naw deg. Dyw canrif yn ddim! Ac mae'i holl ddiléit e, a'r ddeuawd wrth gwrs, yn tarddu o'r cyfnod yna – cyfnod arbennig iawn yn hanes Cymru; cyfnod pan oedd y Cymry'n teimlo'n ddarostyngedig. Dyna gyfnod y Llyfrau Gleision enbyd hynny oedd wedi gwatwar y Cymry fel pobl ger bron y gwledydd. Roedden ni'n destun sbort, a thrueni, ac nid ychydig o ddirmyg, ac yn sgîl y cyfnod hwnnw, pan oedd y Cymry'n dyheu am ryw fath o waredigaeth, rhyw fath o ddawn, os mynnwch chi, i brofi eu gwerth ger bron y byd, fe ddarganfyddodd y Cymry eu bod nhw'n gallu canu!

Ac ar lwyfan yr Eisteddfod Genedlaethol a ddechreuodd ym 1861, mae'r cantorion yma'n dechrau ymddangos. Yn sydyn iawn, mae'r Cymry'n sylweddoli, yn eu cân, nid yn unig eu bod nhw'n gallu mwynhau eu hunain, ond eu bod nhw hefyd yn gallu profi eu gwerth fel pobl. Ac mae gwreiddiau Jac a'i frawd – y ddeuawd Jac a Wil – yn y cyfnod yna – cyfnod a barodd am bron i ganrif.

1873, dyna i chi flwyddyn dechrau y solo. Eos Morlais yn Eisteddfod Genedlaethol Yr Wyddgrug yn canu *Bedd Llywelyn*. Ac mewn dim o dro, y mae'r solos y daethoch chi a fi mor gyfarwydd â nhw – ac roedd Jac yn gallu canu Duw a ŵyr faint ohonyn nhw – yn dod yn llif. Mae *Arafa Don* yn dod; mae'r *Golomen Wen* yn dod; *Llam y Cariadau, Galwad y Tywysog* a'r *Marchog a'r Dymestl* – maen nhw i gyd yn llifo o'r cyfnod yna, fel petasech chi wedi agor rhyw fath o falf arbennig yn niwylliant a dyheadau'r Cymry a'r holl ganu 'ma'n llifo!

Ac, wrth gwrs, dyna'r corau ar lwyfannau mawr Llundain – y Royal Albert Hall, Covent Garden a'r Crystal Palace – dyna lle roedd y Cymry'n gorfod mynd yn y cyfnod yna, yng nghanol holl ogoniant Oes Fictoria, i brofi'u gwerth. A dyna Robert Rees, Eos Morlais, nad oedd wedi cael mwy na rhyw ddau dymor o ysgol yn Nowlais, yn sefyll ar lwyfan Covent Garden yn canu *Sound an Alarm,* a miloedd, cynulleidfa swish Llundain, i gyd ar eu traed yn gorfoleddu wrth wrando ar y tenor 'ma.

Yn y neuadd fawr yn y Palas Grisial, y Crystal Palace, wedyn, yn 1873 – côr mawr y de, a oedd yn bedwar cant a hanner o leisiau, yn ennill y cwpan anferth yna sydd yn Sain Ffagan – mae fel hanner wardrob! A dyma'r hen arweinydd enwog, Caradog, yn mynd i nôl Richard Rees, a 10,000 o gynulleidfa ar eu traed yn gorfoleddu. Dyma Eos Morlais, y tenor bach o Ddowlais, yn dod i ffrynt y llwyfan anferth hwnnw, a'r cwbwl wnaeth e, yn hollol ddi-lol, oedd canu *Annwyl yw Gwalia fy Ngwlad,* ac fe drodd y lle'n foddfa o ddagrau. Roedd y Cymry yn y wasg, yn Gymraeg a Saesneg, yn gorfoleddu. Roedden ni wedi cyrraedd! Roedd y byd yn cydnabod dawn y Cymry – ein cân.

A dyma Jac a Wil, bron i ganrif ar ôl hynny, yn mynd i Lundain, i'r Royal Albert Hall, i'r cyngerdd enwog hwnnw ac yn cael ymateb rhyfeddol. A'r hyn sy'n esbonio i fi yr ymateb gawson nhw, oedd eu bod nhw'n tapio'r math yna o falchder oedd wedi dechrau bron i ganrif ynghynt. Pobl yn eu cân yn darganfod pwy oedden nhw, beth oedd gyda nhw i'w ddweud, neu beth oedd gyda nhw i'w ganu i'r hen fyd lletchwith yma – canu'r byd i'w le.

A dyna ddawn Jac a'i frawd ar hyd y blynyddoedd, ar ôl y darganfyddiad mawr hwnnw pan ganon nhw yn y cyngerdd yn y Royal Albert Hall. Mi wnaethon nhw dapio rhywbeth oedd yn ddwfn iawn yn y Cymry. Roedd eu caneuon yn rhyfeddol o syml, r'yn ni i gyd yn gwybod hynny, ond dyna lle roedd eu gogoniant, a'u cyfoeth.

Yn Oes Fictoria, roedden nhw'n canu'r caneuon syml, emosiynol